Elisabeth Wilhelmi

Stark und schwach
wie du und ich

Unterwegs mit Frauen der Bibel
in Bildern von Sieger Köder

SUSANNE HERZOG (HG.)

Stark und schwach *wie du und ich*

Unterwegs mit Frauen der Bibel in Bildern von Sieger Köder

SCHWABENVERLAG

VERLAGSGRUPPE PATMOS

PATMOS
ESCHBACH
GRÜNEWALD
THORBECKE
SCHWABEN

Die Verlagsgruppe
mit Sinn für das Leben

Für die Schwabenverlag AG ist Nachhaltigkeit ein wichtiger Maßstab ihres Handelns. Wir achten daher auf den Einsatz umweltschonender Ressourcen und Materialien.

www.schwabenverlag-online.de

Gestaltung: Finken & Bumiller, Stuttgart
Umschlagabbildung: Sieger Köder, Rut.
Frauenaltar Wasseralfingen
Druck: Süddeutsche Verlagsgesellschaft, Ulm
Hergestellt in Deutschland
ISBN 978-3-7966-1654-9

INHALT

EINFÜHRUNG

Die Bilder, die Bibel, die Frauen – und du und ich

Sie haben dieses Buch in die Hand genommen. Vielleicht hat das Bild der Frau auf dem Cover Ihren Blick angezogen, wie sie da sitzt in ihrem grünen Kleid und einfach nur schaut, den Kopf auf die Hand gestützt. So entspannt und gleichzeitig hellwach. Oder der Titel hat Sie angesprochen und in Ihnen Resonanz gefunden: ja, stark und schwach. Beides sind alltägliche Erfahrungen. Mal mehr, mal weniger, manchmal auch gleichzeitig.

Möglicherweise sind Sie persönlich oder beruflich unterwegs mit Frauen der Bibel. Und neugierig: Was hat Frauen heute an Frauen der Bibel berührt? Und offen: Welche Impulse geben sie mit auf den Weg?

Oder aber Sie kennen und mögen die Bilder von Sieger Köder. Und haben Lust auf neue Betrachtungsweisen.

Was auch immer Ihr Anstoß ist, zu diesem Buch zu greifen: die Bilder, die Bibel, die Frauen – das können Sie finden. Unterschiedliche Zugänge. Vielfältige Blickwinkel. Persönliche Inspirationen.

Die Bilder

Und zunächst einmal: der Maler.

Sieger Köder. Der Malerpfarrer von der Ostalb. Der mit den bodenständigen Bildern. Erdige Farben. Grobe Gesichter. Starke Menschen. Kraftvolle Farbtöne. Und immer irgendwo eine Spur von Licht.

Zuerst ist da der Künstler, Silberschmied, Maler und Kunsterzieher. Dann beginnt er Theologie zu studieren. Wird Priester und Gemeindepfarrer. Lange Jahre in der rauen Landschaft der Ostalb. Er malt weiter, ein biblisches Motiv ums andere und wird ein farbgewaltiger Prediger mit seinen Bildern.

Er malt auch die Frauen der Bibel. Immer wieder eine andere. Oder auch dieselbe anders. Seine Auswahl der Frauen ist begrenzt, fünfzehn Frauengestalten haben wir für dieses Buch gefunden.

Da sind die habhaften, kernigen Frauen des Ersten Testamentes wie Eva als Mutter allen Lebens, die Ahnfrau Sara und die Stammmutter Rahel. Mirjam, wie sie am Schilfmeer singt und tanzt. Und die Frauen, die es in den Stammbaum Jesu geschafft haben: Tamar, Rahab, Rut und Batseba.

„Ich male sie gerne, die Frauen aus dem Stammbaum Jesu im Matthäusevangelium. Sie sind ein bisschen anrüchig, aber dadurch zeigen sie die Gnade Gottes auf", sagt Sieger Köder.

Die Heilsgeschichte ist ihm wichtig, Gottes Geschichte mit den Menschen, die zum Heil führt. Von der er malend predigt. So sind ihm aus dem Zweiten Testament wichtig: Elisabet, die Frau am Übergang, Maria, die Mutter Jesu, und Maria aus Magdala, die erste Zeugin der Auferstehung. Dazu die weinenden Frauen am Kreuzweg und die Frauen am Ostermorgen. Dazwischen noch die Skizze der Ehebrecherin und die Frau am Jakobsbrunnen. Frauen, die das Heil-Land weit machen.

Die Bibel

Die Bibel, dieses uralte Geschichtenbuch: Glaubensquelle der drei abrahamitischen Religionen. Zeugnis von Leben, Tod und Auferstehung Jesu. Schatzkiste für unzählige Erfahrungen der Menschen mit Gott. Worte für das göttlich erfahrene Handeln in der Welt.

Von Menschen aufgeschrieben. Und deutlicher muss man noch sagen: von Männern geschrieben, überliefert und interpretiert. Und von Interesse geleitet. Was sich über Frauen in den Geschichtenbüchern der Bibel findet, ist also erstens wenig, zweitens gefiltert und drittens vorsichtig zu genießen.

Lieber achtsam kauen, die Zutaten aufmerksam untersuchen und dann mit Bedacht verschmecken. Es lohnt die Mühe, Texte aus dem Blick der Frauen theologisch zu hinterfragen. Sie einordnen in historische Zusammenhänge. Feministische Exegese anwenden. Sich von leicht gängigen Interpretationen verabschieden, sich reiben, neue Aspekte freilegen und frisch in Berührung bringen, was sich hinter gewohnten Fassaden finden lässt – und manchmal eben auch nicht.

Dann kann sie lebendig werden, die biblische Frau und ihre Botschaft. Und sichtbar werden, dass Gott mitten ins Leben hinein handelt. Gebärend und herrschend. Klug und bodenständig. Kochend und tanzend. Prophetisch und praktisch. Geradeaus und hintenrum. Strippenziehend und dienend. Glaubwürdig und gottvertrauend. Mit Leib und Seele lebendig. Stark und schwach. In biblischen Frauen eben.

Die Frauen

Die biblischen Frauen sind schon da. Sie treffen auf die Frauen heute. Zunächst auf die Frauen, die die Texte schreiben. Die Autorinnen. Jung und schon älter. Ledig und verheiratet. Frauen mit und ohne Kinder. Alle sind Töchter. Theologin. Pädagogin. Ordensfrau. Journalistin. Evangelisch und katholisch. Feministisch. Künstlerisch. Wissenschaftlich. Spirituell. Mit je eigenem Erleben, Wissen und Interesse sind sie den Bildern, der Bibel, den Frauen begegnet.

Vielfältig sind die Zugänge zu den Texten wie die Frauen. Bunt sind die Beiträge. Persönlich die Worte. Und das, was berührt, wird zwischen den Worten spürbar.

Und du und ich

Jetzt schließt sich der Kreis. Ihre persönliche Zugangsweise zum Buch bringen Sie mit in die Lektüre. Ihre Fragen, Erfahrungen, Ihr Interesse. Ihre Neugier, Skepsis, Ihre Vorerfahrungen. Ihre Offenheit, Ihren Widerstand, Ihre Betroffenheit.

Sie gestalten aus Bildern, Bibel und Frauen Ihr eigenes Bild. Was Sie anrührt für Ihr persönliches Wachsen und Werden als Tochter Gottes.

Lebendig – und stark und schwach – wie das Leben eben.

SUSANNE HERZOG

EVA

und die Lust an grenzüberschreitender Erkenntnis

Kaum eine andere Frau der Bibel hat in der christlich-abendländischen Kultur eine so verzerrte Darstellung erfahren wie Eva, die erste Frau. Eine frauenfeindliche Auslegung von Genesis 2 und 3, der Geschichte von Adam und Eva und dem Sündenfall, hat über Jahrhunderte aus der ersten Frau, der Frau am Anfang, die Ursache allen Übels, die Verkörperung der Sünde gemacht. Das Bild von Eva als Einfallstor der Sünde und als (sexuelle) Verführerin des Mannes prägte und prägt das westliche Frauenbild bis in unsere Gegenwart hinein, wurde durch Literatur und Kunst durch die Zeiten transportiert und lebt auch in unseren säkularisierten Gesellschaften als Werbemotiv fröhlich weiter.

Was wirklich über Eva in der Bibel steht

Schauen wir die Bibeltexte selbst genauer an, zeigt sich, dass die frauenfeindliche Sicht auf Eva nicht der Intention der biblischen Erzählungen entspricht. Die Schöpfungsgeschichten in Genesis 1–3 sind mythische Erzählungen, die Grundfragen des Menschseins behandeln: Weshalb gibt es den Menschen als Mann und Frau? Wie ist ihre Beziehung zueinander von Gott gedacht? Wie kommt es, dass der Mann über die Frau herrscht?

Als Anfangstext der Bibel, als *Ouvertüre* sozusagen, gibt der jüngere Schöpfungsbericht in Genesis 1 das theologische Programm an, was die Rolle der Menschen in der Schöpfung und die Beziehung der Geschlechter betrifft. Und dieses Programm heißt:

Da schuf Gott die Menschen als göttliches Bild, als Bild Gottes wurden sie geschaffen, männlich und weiblich hat er, hat sie, hat Gott sie geschaffen (GEN 1,26F).

Nichts von Herrschaft und Unterordnung oder männlicher und weiblicher Rollenzuteilung! Beide, Mann und Frau, stellen die Vergegenwärtigung Gottes in der Welt dar und beide sollen die Erde bebauen und bewahren. Klarer kann die Gleichwertigkeit und volle Gottebenbildlichkeit von Frau und Mann kaum ausgedrückt werden.

In Genesis 2, dem älteren Bericht, schildert der biblische Erzähler sehr anschaulich die Erschaffung von Mann und Frau und das gottgewollte Miteinander des Menschen als Paar. Adam, der Erdling, wird erst durch die Frau (hebräisch *ischah*), die Gott aus seiner Seite baut, zum Mann (hebräisch *isch*). Mann und Frau sind zutiefst verbunden und wesensmäßig gleich: „Dieses Mal ist es Knochen von meinen Knochen und Fleisch von meinem Fleisch!" (Gen 2,23). Endlich hat der Erdling Adam ein Gegenüber gefunden, das ihm ebenbürtig ist, das ihm entspricht.

In Genesis 3 dagegen, dem Mythos vom Sündenfall, schildert der biblische Autor die Verhältnisse, wie sie damals tatsächlich waren: die mühsame und oft vergebliche Arbeit des Mannes auf dem Ackerfeld, die Beschwerden der Frau bei Schwangerschaft und Geburt sowie die Herrschaft des Mannes über die Frau. Begründet wird der Verlust des von Gott gewollten Zustandes damit, dass Eva und Adam Gottes Gebot übertreten haben. Die Herrschaft des Mannes über die Frau wird also als Folge des Verlustes des paradiesischen Urzustandes beschrieben. Von Sünde ist im Text nicht die Rede. Erst Genesis 4, die Geschichte von Kain und Abel, bringt die Begriffe *Sünde* und *Schuld* ins Spiel. In Genesis 3 wird der gebrochene Zustand nur beschrieben, eine Schuldzuweisung an die Frau nimmt der biblische Text nicht vor. Und er macht eines klar: So wie die Verhältnisse sind, sind sie nicht gut und gottgewollt. Wie es nach Gottes Absicht sein sollte, zeigt Genesis 2, die Schöpfungs- und Paradiesgeschichte.

Gegen Ende von Genesis 3 wird die Frau mit einem Namen versehen (Gen 3,20): Eva, hebräisch *Chawwa*, abgeleitet von *chay* = Leben. Die Frau, Eva, ist die *Mutter aller Lebendigen*.

Mutter aller Lebendigen und Krone der Schöpfung

Und es ist diese Eva, die auf dem Bild von Sieger Köder zur Darstellung kommt. Er wählt nicht das in der christlichen Ikonographie gängige Motiv von Eva mit dem Apfel, die, von der Schlange verführt, Adam den Apfel reicht und ihn zur Sünde verführt. Es ist nicht die Frau als Ursache allen Übels, es ist im Gegenteil „Chawwa", die Mutter aller Lebendigen, die Sieger Köder ins Zentrum rückt: Die Frau am Anfang der Menschheitsgeschichte und am Anfang jedes Menschenlebens. Die Urmutter, mit dem Säugling an der Brust: paradiesischer Urzustand von Intimität, inniger Nähe und vollkommenem Glück. Auch hier ist Eva der Mittelpunkt der Geschichte wie in den traditionellen Eva-Darstellungen, wo Eva die Aktive ist und Adam nur Statist, der sich passiv verhält. Und doch kommt uns hier eine ganz andere Sicht entgegen: Fast andächtig kniet der Mann als zärtlicher Betrachter des geborenen Kindes, dieses Wunders der Schöpfung, an Evas Seite.

Unweigerlich kommt mir bei Sieger Köders Eva-Bild die Deutung von Eva als Krone der Schöpfung, als Gottes Meisterwerk, in den Sinn. Nach Genesis 2 ist sie das letzte Geschöpf, das von Gott in einem eigenen Schöpfungsakt geschaffen wird und den Höhepunkt der Schöpfung darstellt, wie der Jubelruf Adams zeigt. Diese Deutung von Eva als letztem und vollendetem Schöpfungswerk hat eine lange, wenn auch marginal gebliebene Frauen-Tradition: Sie begegnet da und dort bei Autorinnen des Mittelalters und dann vor allem in der Frühen Neuzeit und wurde auch von feministischen Theologinnen wieder aufgegriffen. Welch andere Sicht auf Eva, die Frau am Anfang, als die gängige frauenfeindliche, die das kirchliche Frauenbild über Jahrhunderte geprägt hat!

Doch Sieger Köder zeigt in seinem Bild nicht nur den paradiesischen Urzustand der Schöpfung und den schuldlosen und verheißungsvollen Zustand des Anfangs, der mit jedem Neugeborenen in die Welt kommt. Im Hintergrund seines Bildes geschieht bereits das Unheil, der paradiesische Zustand zerbricht, der Brudermord von Kain an Abel bringt Sünde und Schuld in die Welt.

Vorbild für Grenzüberschreitung und Erkenntnislust

Ein anderer Aspekt, der mich an der biblischen Erzählung von Adam und Eva fasziniert, in Sieger Köders Eva-Bild aber nicht zum Ausdruck kommt: Eva ist es, die nach Genesis 3 den entscheidenden Schritt zur Subjektwerdung des Menschen tut. Es ist die Frau, die aktiv ist und die Initiative ergreift, nicht der Mann, und die von Gott gesetzten Grenzen überschreitet. Es ist die Frau, die vom Baum isst, der die Augen öffnet und zur Erkenntnis verhilft von Gut und Böse. Sie nimmt von der Frucht des verbotenen Baumes, die Klugheit und Wissen verspricht, und isst. Und sie gibt ihrem Mann neben sich von der Frucht. Und auch er isst. Eva setzt damit den Prozess in Gang, der die Menschen zu wissenden und erkennenden und damit auch zu ethisch verantwortlichen Subjekten macht. Denn erst die Unterscheidung von Gut und Böse macht den Menschen zu einem moralischen Wesen, das sich frei entscheiden kann, Böses wie Gutes zu tun. Mit der Freiheit aber ist die moralische Verantwortung für das eigene Handeln untrennbar verbunden. Und in diesem Sinne geht mit dem Gewinn der Freiheit auch das Schuldigwerden unausweichlich einher: Erkenntnis, moralische Verantwortung, Freiheit und Schuld bedingen sich gegenseitig.

Eine solche Deutung des sogenannten „Sündenfalls" lässt Eva nochmals in einem anderen Licht erscheinen: Sie ist nicht nur die Mutter aller Lebendigen, sondern treibt durch ihre Tat, durch ihre Entscheidung, Gottes Gebot zu übertreten, die Emanzipation des Menschengeschlechts voran. Sie wagt es, vorgegebene Grenzen zu überschreiten, und setzt aus Wissensdurst und Erkenntnislust das Behütetsein im Paradiesgarten aufs Spiel.

Da sah die Frau, dass es gut wäre, von dem Baum zu essen, dass er eine Lust war für die Augen, begehrenswert war der Baum, weil er klug machte. Sie nahm von seiner Frucht und aß. Und sie gab auch ihrem Mann neben ihr. Und er aß (GEN 3,6).

Evas Herausforderungen für heute

Diese Eva spricht mich an und fordert mich als Frau heraus. Denn Erkenntnislust, Wissensdrang und Welt veränderndes Tun sind nicht gerade das, was uns Frauen in einer langen patriarchalen Geschichte zugestanden wurde. Doch Evas Töchter haben heute ihr Erbe wiederentdeckt, sie weisen eine frauenfeindliche Auslegung der Schöpfungs- und Sündenfallgeschichte zurück, die über Jahrhunderte die Unterordnung der Frau unter den Mann als von Gott gewollt behauptet und die Frau zur Ver-körperung der Sünde gemacht hat. Sie haben sich von patriarchalen Rollenzuweisungen und Geschlechterordnungen emanzipiert und greifen eigen-willig denkend und handelnd in die Geschichte ein. Wie Eva wagen sie es, Grenzen zu überschreiten und den ungewissen Weg in die Freiheit anzutreten. Und wie Eva damals die Frucht vom Baum der Erkenntnis mit Adam geteilt hat, laden Evas Töchter heute den Mann dazu ein, auch von der Frucht der Freiheit zu kosten, die jenseits der Grenzen einer patriarchalen Welt- und Geschlechterordnung liegt.

Eva – eine Frau wie du und ich

Handle eigen-willig.
Brich aus dem paradiesischen Garten behüteter Weiblichkeit aus.
Gib die vertraute Sicherheit traditioneller Geschlechterrollen auf.
Wage den Schritt ins Ungewisse.
Überschreite vorgegebene Grenzen.
Verändere mit Erkenntnislust und Wissensdrang dich und die Welt.
Übernimm Verantwortung für deine Entscheidungen und dein Handeln.

DORIS STRAHM

SARA

Eine Frau, die (nichts) zu lachen hat

Die Erzmutter

Die Anfänge des Volkes Israel werden in der Bibel im Buch Genesis als Familiengeschichten erzählt. In ihnen spielen die sogenannten „Erzeltern" eine wichtige Rolle: Abraham und Sara, Isaak und Rebekka, Jakob und seine Frauen Lea und Rahel – Männer und Frauen, deren Lebenswege schon etwas vom Schicksal und Gottesverhältnis des Volkes Israel aufleuchten lassen. So erinnert der Prophet Jesaja in den Zeiten des Babylonischen Exils an Sara und ihren Mann Abraham (Jes 51,1f). Jesaja sieht Sara als die Erzmutter, die alle im Volk geboren hat. An sie erinnert er in einer Zeit, in der die Zukunft des Volkes Israel auf dem Spiel steht: Jerusalem ist von den Babyloniern erobert worden, König und Elite sind ins Exil nach Babylon verschleppt. Die Zeit des eigenen souveränen Staats ist zu Ende, die Zukunft des Volkes im Dunkeln.

Aber auch in dieser Zeit fragen die Menschen nach Gott, nach JHWH. Jesaja ruft sie auf, ihm zuzuhören, und erinnert an Abraham und Sara. Und tatsächlich ist es so, dass deren Geschichte für die Menschen im Exil eine enorme Bedeutung bekommt, weil das verunsicherte Volk sich in ihnen wiedererkennen kann. Abrahams und Saras Leben, ihre Gotteserfahrungen werden in den Zeiten des Exils im Buch Genesis zusammengestellt. Sie sind der Brunnen, dem Israels Geschichte entspringt und der sie spiegelt. Abraham und Sara werden zu Felsen in der Brandung der Verunsicherung des eroberten Volkes, das aber in Saras Geschichte lernt, dass es weiterhin auf Segen und Zukunft hoffen darf.

Die schöne Kinderlose

Obwohl Abraham und Sara das erste Erzelternpaar sind, ist ihre Geschichte auf den ersten Blick nur ein kläglicher Anfang – von Elternschaft und Nachkommen keine Spur. Das erste, was wir von Sara lesen können, ist: Sie kann keine Kinder bekommen (Gen 11,31). Das war so ziemlich das Schlimmste, was einer Frau in den alten Sippengesellschaften passieren konnte, in denen Kinder und ganz besonders nochmals Söhne die Zukunft des Volkes und die Versorgung der Eltern im Alter bedeuteten.

Zwar hören wir gleich darauf Gottes Verheißungen an Abraham: von verheißenem Land, dass er Stammvater eines großen Volkes werden wird und alle Völker durch ihn großen Segen erlangen können (Gen 12,1–3). Doch mit dem Wissen um Saras Unfruchtbarkeit im Hinterkopf lernen wir schon die Gedankenwelt des Gottesvolkes im Exil kennen. Zweifel an den Verheißungen melden sich: Stimmt das wirklich? Wie werden sich die Verheißungen Gottes erfüllen? Wo doch mit Sara alles ganz anders aussieht?

Die Zweifel bekommen sofort weitere Nahrung: Zweimal gibt Abraham Sara nämlich als seine Schwester aus und sie landet im Harem eines anderen Mannes (Gen 12; 20), einmal sogar beim Pharao von Ägypten. Sara, so erzählt die Bibel, ist eine überaus schöne Frau, die mit ihrem Mann zwar in das verheißene Land einzieht, dort aber keine Bleibe findet. Wegen einer Hungersnot müssen sie nach Ägypten ziehen, wo es ausreichend Nahrung gibt. Kurz vor der Grenze bekommt Abraham Angst, er könne wegen Saras Schönheit umgebracht werden. Um seine eigene Haut zu retten, überredet Abraham Sara, sich als seine Schwester auszugeben. Die Nachricht von Saras Schönheit gelangt bis zum Pharao, der sie in seinen Palast holt (Gen 12,10–20).

Wieder verkörpert Sara mit ihrer Geschichte die Erfahrungen des Gottesvolkes im Exil: Augenscheinlich ist die Situation verfahren. Es melden sich ernsthafte Zweifel: Was ist denn mit den Gottesverheißungen? Nun ist Sara nicht nur unfruchtbar, sie ist auch im Harem eines anderen, eines fremden und mächtigen Mannes!

Doch damit ist Saras Geschichte noch nicht zu Ende: Gott tritt für sie ein und rettet sie, indem er das Haus des Pharaos mit schweren Plagen schlägt. Der ägyptische König erkennt Gottes Botschaft und gibt Sara unberührt an Abraham zurück.

Die Herrin

Saras Name heißt übersetzt „die Herrin". Ihr Name ist Programm. Auch wenn sie in den oben genannten Preisgabeerzählungen der Ahnfrau offensichtlich stummes Objekt ist, nimmt sie in anderen Erzählungen das Heft des Handelns in die Hand:

Als die bitteren Jahre der Kinderlosigkeit sich hinziehen, beschließt Sara, den Verheißungen Gottes nachzuhelfen. Sie gibt Abraham ihre ägyptische Sklavin Hagar zur Zweitfrau. Durch sie soll sich die Nachkommenschaftsverheißung erfüllen. Damals konnte eine kinderlose Frau wie Sara doch noch eigene Kinder bekommen, wenn eine andere Frau durch ihren Mann schwanger wurde und auf den Knien der Unfruchtbaren das Kind gebar. Dann wurde ihr dieses als eigenes Kind angerechnet (Gen 16,2, vgl. Gen 30,3). Diesen Weg beschließt Sara zu gehen. Die Initiative geht von ihr aus: Sie gibt Abraham Hagar zur Frau (Gen 16,3). Als diese daraufhin schwanger wird und ihre Herrin Sara in ihren Augen an Achtung verliert, behandelt Sara sie so hart, dass Hagar davonläuft. Auch nachdem Hagar zurückkommt und Ismael gebiert und obwohl auch Sara selbst schwanger wird und Isaak zur Welt bringt, bleibt das Verhältnis zwischen beiden Frauen gespannt. Sara bringt schließlich Abraham dazu, Hagar zu verstoßen (Gen 21).

Die Lachende

Über Sara wissen viele, dass sie über Gottes Verheißung lacht (Gen 18). Als Akt des Unglaubens wird ihr dieses Lachen oft ausgelegt, der Gottes

Möglichkeiten unterschätzt, ihr auch noch im Alter einen eigenen Sohn zu schenken. Der Bibeltext sagt das nicht. Zudem kann das hebräische Verb, das an dieser Stelle steht, *„zachak“,* mit „lachen“ oder „j(a)uchzen“ übersetzt werden. Mit letzterem Wort übersetzt die Bibel in gerechter Sprache den Text, wodurch er eine ganz andere, eine freudige Stimmung erhält. Zudem vergessen wir gern, dass auch Abraham über Gottes Offenbarung gelacht hat (Gen 17,15–17). Das Lachen der Erzeltern bereitet im Erzählgang des Buches Genesis ganz sicher vor allem den Namen des gemeinsamen Kindes Isaak (hebräisch *„Jizchak“*) vor, bei dessen Geburt Sara selbst nochmals an ihr Lachen erinnert. Sie deutet ihr Lachen als Gottesgeschenk, das alle zum Mitlachen – oder Mitjauchzen – einlädt:

Der Herr nahm sich Saras an, wie er gesagt hatte, und er tat Sara so, wie er versprochen hatte. Sara wurde schwanger und gebar dem Abraham noch in seinem Alter einen Sohn zu der Zeit, die Gott angegeben hatte. Abraham nannte den Sohn, den ihm Sara gebar, Isaak. Als sein Sohn Isaak acht Tage alt war, beschnitt ihn Abraham, wie Gott ihm befohlen hatte. Abraham war hundert Jahre alt, als sein Sohn Isaak zur Welt kam. Sara aber sagte: „Gott ließ mich lachen; jeder, der davon hört, wird mit mir lachen. Wer“, sagte sie, „hätte Abraham zu sagen gewagt, Sara werde noch Kinder stillen? Und nun habe ich ihm noch in seinem Alter einen Sohn geboren“ (GEN 21,1–7).

Sara im Bild von Sieger Köder

Im Bild von Sieger Köder sehen wir Sara als alte Frau. Ihr Gesicht ist von den Spuren eines harten Lebens gezeichnet. Gesammelt sitzt Sara vor ihrem Nomadenzelt. Sie ist ganz bei sich, die Hände sind in einer ruhenden Geste in den Schoß gelegt. Zwei farbliche Akzente fallen an Sara auf: Ihr Mutterschoß/ihre Knie sind in kräftigem Lila gehalten, das Obergewand und Tuch dagegen in kräftigem jungen Grün. Verschlossener Mutterschoß, langes Warten auf Empfängnis (lila) und dann Fruchtbarkeit im hohen Alter (grün) – das drückt diese Farbgebung aus. Saras gefaltete Hände grenzen beides voneinander ab. Ihre ruhende Geste und ihr Blick in unbe-

stimmte Ferne lassen sie sehr gesammelt erscheinen – wie in Kontemplation versunken, im Gebet, von Gott ergriffen. Tatsächlich verdankt sie Gott die Rettung ihres Lebens in vielen Situationen, in denen Abraham sich nicht besonders heldenhaft gezeigt hat: Er hat ihr Leben, ihre gemeinsame Beziehung und Gottes Verheißungen aufs Spiel gesetzt. Abraham ist nur schemenhaft erkennbar und wie von einem Schatten bedeckt. Das Kind dagegen nimmt die vertikale Farbigkeit von Sara auf. Es ist rot gekleidet – in die Farbe der Liebe und des Feuers, der Lebendigkeit getaucht. Gleich wird es lachen und juchzen. Es nimmt Kontakt zu mir, der Betrachterin des Bildes, auf, es winkt mir zu, scheint mich einzuladen, mitzujuchzen. Ein Lächeln huscht über mein Gesicht.

Was an Sara beeindruckt

Sara ist eine Frau, die nicht viel zu lachen hat und der die Herzen der Bibelleserinnen sicher nicht zufliegen. Sie muss vieles aushalten: lange Zeiten der Kinderlosigkeit, zweimal die Preisgabe durch den eigenen Mann an andere Männer, Frauenkonkurrenz. Was mich an ihr und dem biblischen Texten fasziniert, ist, dass im Endeffekt es dann aber doch sie ist, die die Verheißungen Gottes voranbringt: Zum einen die Verheißung des Landes: Abraham und

Sara sind im Buch Genesis wandernde Nomaden, die nirgendwo richtig ankommen und bleiben können. Erst als Sara stirbt, kauft Abraham das erste Stück Land für ihre Grabhöhle und lässt sich dort nieder (Gen 23). Dann diese Verheißung, Stammeltern eines großen Volkes zu werden: Isaak, Saras und Abrahams Sohn, ist der verheißene Stammvater des Volkes Israel. Und schließlich die Verheißung großen Segens für alle Völker: Hagars Geschick, das Sara maßgeblich bestimmt hat, bildet schon ab, dass Gottes Segen sich auf alle Menschen und Völker erstrecken möchte. So erhält Hagar in Gen 16,10 die gleiche Nachkommenschaftsverheißung wie Abraham. Ihr Sohn Ismael wird zum Stammvater der zwölf arabischen Stämme, mit denen sich das Zwölfstämmevolk Israel verwandtschaftlich-konfliktträchtig verbunden weiß.

Sara hat den rettenden Gott in größten Unsicherheiten erfahren (Gen 12; 20). Sie wirkt aktiv mit, um Gottes Verheißungen ins Leben zu bringen. Auf Gottes Verheißungen zu vertrauen, auch wenn aller Anschein dagegen spricht, und das Lachen als Gottesgeschenk mit ihr zu teilen, dazu lädt sie bis heute ein.

Sara – eine Frau wie du und ich

Vertrau auf Gottes Verheißung, auch wenn aller Anschein dagegen spricht.
Nimm das Heft des Handelns in die Hand.
Auch wenn du nicht viel zu lachen hast: Freue dich über das Leben
und teile deine Freude mit anderen.
Schau auf das, was dir im Leben geschenkt wird.

BETTINA ELTROP

RAHEL

und die Frage: Wer hat die Macht?

Eine Familiengeschichte

Rahel ist wie ihre Schwester Lea eine der Stammmütter Israels. Ihre Geschichte wird im Wesentlichen im ersten Buch der Bibel, in Gen 29–35 erzählt: Sie arbeitet in der Viehwirtschaft ihres Vaters Laban. Beim Tränken der Tiere am Brunnen begegnet ihr Jakob, ein Cousin, der aufgrund eines Familienbetrugs auf der Flucht ist. Jakob verliebt sich in die schöne Rahel und freit um sie. Den Brautpreis zahlt er, weil ohne Vermögen, indem er für sieben Jahre in den Dienst seines zukünftigen Schwiegervaters eintritt (Gen 29,1–22). Wie Jakob durch Betrug den Erstlingssegen von seinem Vater erschlich, so erschleicht sich Laban mittels eines Betrugs den Eheschluss des Jakob mit Rahels älterer Schwester Lea: In der Hochzeitsnacht wird diesem Lea statt Rahel untergeschoben. Für die jüngere, die geliebte Rahel, die nach den Tagen des Hochzeitsfestes dem Jakob als Zweitfrau zugeführt wird, hat er dem Brautvater Laban weitere sieben Jahre zu dienen (Gen 29,23–30).

Rahel und Lea: zwei Schwestern in Konkurrenz um die Zuneigung eines Mannes und die Anerkennung in der Sippe. Jakob lehnt Lea ab; gleichwohl zeugt er mit ihr Kinder. Rahel, die geliebte Zweitfrau, muss erleben, dass ihre Liebe fruchtlos bleibt. Sie erfährt sich als die Zurückgesetzte und Unterlegene, denn anders als ihre Schwester wird sie nicht schwanger. Voll Eifersucht auf ihre Schwester fordert sie von Jakob Kinder (Gen 30,1ff) und führt ihm deshalb ihre Sklavin Bilha zu. So wird sie zur sozialen Mutter von zwei Söhnen; die Leihmutterschaft ihrer Sklavin ist freilich nur eine Notlösung. Dagegen zeigt der Kindersegen der Lea, dass sie die starke Gründungsmutter der Hebräer ist: sechs eigene Söhne und zwei von ihrer Skla-

vin werden zu Namensgebern der zwölf Stämme. Erst spät wird Rahel selbst Mutter zweier Söhne, zunächst des Josef (Gen 30,22ff) und Jahre später des Benjamin. Die Geburt dieses zweiten kostet sie das Leben (Gen 35,16–20).

Da antwortete Rahel und auch Lea (dem Jakob) und sie sagten zu ihm:
„Haben wir noch Anteil oder Erbanspruch im Haus unseres Vaters? Sind wir nicht
als Fremde von ihm betrachtet worden? Er hat uns ja verkauft. Und verfressen
hat er unser Geld. Ja, der ganze Reichtum, den Gott unserem Vater entzogen hat,
uns gehört er und unseren Kindern. Und nun, alles, was Gott dir gesagt hat, das tu."
Da brach Jakob auf, setzte seine Kinder und seine Frauen auf die Kamele und
setzte all sein Vieh in Bewegung, all seinen Besitz, den er erworben hatte ...
um zu seinem Vater Isaak ins Land Kanaan zu kommen (GEN 31,14–17).

Eine Sippengeschichte

Die Geschichte der beiden ungleichen Schwestern Rahel und Lea macht die komplizierten Beziehungen zwischen den nomadischen Sippen in Palästina, ihr Herkommen und ihr Zusammenwachsen erzählbar und zwar mit Hilfe von allgemein menschlichen Lebenserfahrungen: Verweigerte und verhinderte Liebe, Hintansetzung, Eifersucht, Nebenbuhlerschaft, der Kampf um das Kind, das Unglück der Unfruchtbarkeit, das Ringen um Ansehen und Einfluss – zu allen Zeiten war das Stoff, aus dem Geschichten gewoben werden konnten.

Eine Glaubensgeschichte

Die Bibel erzählt aber mehr als nur eine verwickelte Familiengeschichte; sie transportiert zugleich die zentrale Glaubenserfahrung Israels, nämlich dass GOTT auf der Seite der Bedrängten steht und dass GOTT die Verbündeten niemals im Stich lässt. Jakob erfährt das in den kritischen Momenten seines Lebens. Und die ungeliebte Lea erfährt das, indem ihr Schoß geöffnet wird und sie so zu Ansehen kommt. Und auch die zwar geliebte, aber durch Unfruchtbarkeit gedemütigten Rahel erfährt dies, indem ihr späte

Mutterschaft gewährt wird und so die Liebe zwischen Jakob und Rahel sich als gesegnet erweist: die Lieblingsfrau gebiert die Lieblingssöhne Jakobs, Josef und Benjamin. Und durch GOTTES Walten wird Josef in der weiteren Erzelternerzählung zum Retter der ganzen Sippe (Gen 37–50).

GOTT ist im Spiel, wenn den beiden Frauen und ihren Sklavinnen die Kinder geschenkt werden, und erweist sich als erste und letzte Ursache der Geschichte.

Eine Ermächtigungsgeschichte

Vordergründig wird die Geschichte aus der Perspektive einer patriarchalen Männerwelt erzählt: Nur die Söhne werden genannt und gelten, die Töchter sind nicht erwähnenswert – mit Ausnahme von Leas Tochter, Dina, die später als zweifaches Opfer männlicher Gewalt eine traurige Rolle spielen wird (vgl. Gen 34). Die beiden Schwestern erscheinen aus diesem Blickwinkel als feindliche Konkurrentinnen um die Potenz des einen Mannes; ihr Lebenssinn scheint ganz an der Geburt männlicher Nachkommen zu hängen. Doch diese Perspektive wird aufgebrochen: Den Frauen gelingt es schließlich, gemeinsam gegen die männlichen Besitzansprüche aufzutreten. Dass sie ihr Konkurrenzverhalten aufgeben, deutet sich bereits in ihrem Geschacher um den Beischlaf mit Jakob an (Gen 30,14ff) und wird dann offensichtlich, als Jakob samt seiner Frauen und Kinder sich von Laban abwendet: Die Frauen, und hier insbesondere Rahel, entschädigen sich an ihrem Vater, indem sie die Familiengötter in ihren Besitz bringen und damit den Führungsanspruch der durch sie und Jakob gegründeten Familie gegenüber den anderen Verwandtschaftslinien durchsetzen (Gen 31). Mehr noch, die beiden Frauen entschädigen sich auch an ihrem Mann, indem sie das Familienvermögen nicht ihm zusprechen, sondern zum gemeinsamen Besitz erklären: „der ganze Reichtum ... uns gehört er und unseren Kindern" (Gen 31,16). Erkennt man diesen Wandel in der Beziehung der Schwestern zueinander, transportiert diese Geschichte eine Hoffnungsdimension: Es ist die Ermächtigungserfahrung der beiden Frauen, die sie zu starken Stammfrauen Israels macht.

Ahnfrauenfragen

Gedanken zum Bild von Sieger Köder

Wer bin ich denn?
Gib Antwort, du.
Lea oder Rahel?
Meinem Vater, dem Viehzüchter,
waren wir wenig mehr als seine
Tiere.
„Kuh“ und „Schaf“ nannte er uns.
Verschacherte uns wie sein Vieh
an einen Verwandten.
Der rackerte sich ab
sieben Jahre für sein Lämmchen
und bekam die Kuh
ohne Durchblick,
was gespielt wird mit ihr und ihm.
Und ich, das Schaf,
jung schon alt
vor Eifersucht und Verlangen,
dem Warten
auf den Geliebten,
der von ihr zu mir kam.
Und mit ansehen müssen,
wie die Kuh trächtig war und kalbte,
eins übers andere Mal:
Prachtkerle allesamt,
Mädchen auch.

Wer bin ich denn?
Gib Antwort, du.
Rahel oder Lea?
Wir haben uns verzehrt
im Kampf um seine Gunst,
haben uns gehasst
bis zur Erschöpfung
ineinander verstrickt
und aneinander gefesselt.
Immer die Frage:
Wer zählt mehr?
Und immer die Kinder als Antwort.
Ja, Rahel weinte um ihre Kinder,
um die Kinder,
die nicht waren.
Und als es die ihren waren,
war es zu Ende mit Rahel
und dem Weinen.
War es nicht Lea, die weinte,
um ihre Kinder?
Und ihre Schandtat,
um Schandtat zu rächen
an Dina, der Tochter,
der Schwester?

Wer bin ich?
Gib Antwort, du.
Lea oder Rahel?
Alt bin ich geworden
und begreife nicht mehr
die vielen Wunden,
die wir uns schlugen.
Weiß nicht,
ob das Blut an meinen geschundenen Händen
meines ist oder fremdes.
Wohin das alles führt,
entzieht sich Leas schwachen Augen
und Rahels suchendem Blick.
Ob jemals geheilt wird,
was so weh tut?

Gib Antwort, du.
Und schau mich an,
Herrgott noch mal,
wenn ich mir dir rede!

Rahel – und Lea – Frauen wie du und ich

Ist Rahel ohne Lea zu denken? Rahel ist zwar die in der biblischen Tradition mehr Beachtete und sie ist uns vertraut durch das Prophetenwort: „Rahel weint um ihre Kinder und will sich nicht trösten lassen, um ihre Kinder, denn sie sind dahin" (Jer 31,15), das im Matthäusevangelium, in der Erzählung vom Kindermord in Betlehem, zitiert wird. Aber die Schwestern sind beide Stammmütter Israels und beide teilen und tragen ihre gemeinsame Familiengeschichte.

Rahel und Lea sind so verschieden, wie Schwestern verschieden sein können. Die eine ist schöner als die andere, attraktiver als die andere. Dafür ist die andere empfänglicher und fruchtbarer, eine unkomplizierte Mutter. Diese Unterschiede sind nicht leicht zu akzeptieren. Der wahrgenommene eigene Mangel wird allzu oft als Minderwertigkeit gedeutet.

Geschwistergeschichten, Schwesterngeschichten erzählen häufig komplizierte Beziehungen. Beziehungen, die von Konkurrenz um die Gunst der Eltern, um Aufmerksamkeit und Zuneigung bestimmt sind. Die Erfahrung, zurückgesetzt zu sein, kann tiefe Wunden schlagen und ein Leben lang das Verhältnis zur Schwester, zum Bruder belasten.

Rahel und Lea agieren zunächst auch als Konkurrentinnen. Aber darin erschöpft sich ihre Beziehung nicht. Sie erkennen, wer sie zu Konkurrentinnen macht: der Vater, der sie zu seinen Zwecken einsetzt und benutzt. Dies ist der erste Schritt, sich aus der Abhängigkeit vom Vater zu lösen und damit auch die Beziehung zueinander zu verändern.

Frauen, die ihr Verhältnis zu Geschwistern als belastet erleben, können sich durch Rahel und Lea ermutigen lassen, nach den Urhebern und Ursachen dieser Belastung zu fragen. Und sie können sich ermutigen lassen, diese genau in den Blick zu nehmen und sich dann von ihnen zu verabschieden. Das braucht Mut. Aber es gibt keinen Grund, davonzuschleichen, mittellos wie ein Flüchtling. Alles das, was in der Lebensgeschichte wertvoll, tragfähig und bewahrenswert war, lässt sich mitnehmen wie die Hausgötter aus Rahels und Leas Herkunftsfamilie. Und mit einem solchen Erbe im Gepäck lässt sich vielleicht ein neuer Weg zur Schwester, zum Bruder beschreiten und vielleicht gemeinsam in einen neuen Erfahrungsraum aufbrechen.

HILDEGARD KÖNIG

Das Bild von Rahel ist inspiriert durch: Irmtraud Fischer, Genesis 12–50. Die Ursprungsgeschichte Israels als Frauengeschichte. In: Kompendium Feministische Bibelauslegung. Gütersloh [3]2007, 12–25.

TAMAR

und der Riss für das Licht

Prolog

Enttäuschungen, Brüche, Verwerfungen, Todesfälle, Trauer, verirrte Lust und List, Unterdrückung und Gewalt, verweigerte Rechte, missbrauchte Liebe, Beschämung, Machtgehabe – das ist nicht gerade der Stoff, aus dem die Träume sind. Umso verwunderlicher, dass genau diese heillosen Geschichten der Stoff sind, aus denen Heilgeschichte geschrieben wird. Lesen Sie selbst!

Das Drama

Die Fakten der Tamargeschichte sind schnell erzählt. Die in sich geschlossene Erzählung steht mitten in der Josefsgeschichte (Gen 38,1–30).

Sie erzählt von Juda, dem Sohn der Lea und des Jakob, und von Tamar, seiner Schwiegertochter. Juda zieht in das Land Kanaan und nimmt sich dort eine Frau, Schua mit Namen. Sie bekommen drei Söhne: Er, Onan und Schela. Juda gibt seinem Ältesten die Kanaanäerin Tamar zur Frau. Als Er stirbt, hinterlässt er Tamar kinderlos. Um den Fortbestand der Familie zu sichern, schickt Juda nach damaligem israelischem Recht seinen zweiten Sohn Onan zu Tamar. Tamar bleibt in der sogenannten Schwagerehe weiterhin Frau des Er und die Kinder, die sie gebären wird, gelten als dessen Kinder. Onan verweigert Tamar den Beischlaf, weil er nicht für seinen Bruder Nachkommen zeugen will, und lässt den Samen auf die Erde fallen: Coitus Interruptus. Onan stirbt ebenfalls. Tamar ist weiterhin kinderlos.

Juda hat nun Angst um seinen jüngsten Sohn und verweigert Tamar die ihr rechtlich zustehende Schwagerehe mit Schela. Juda schickt Tamar zurück in ihre Herkunftsfamilie.

Angesicht dieses Unrechts nimmt Tamar die Geschicke selbst in die Hand. Um nicht kinderlos zu bleiben und als rechtlose und arme Witwe auf die Gnade ihres Vaters angewiesen zu sein, unterläuft sie die patriarchale Macht mit einer List. Sie legt ihre Witwenkleider ab, verhüllt sich mit einem Schleier und setzt sich vor dem Stadttor an die Straße. Sie weiß, dass ihr Schwiegervater hier vorbeikommen wird. Judas Frau Schua war inzwischen auch verstorben. Juda erkennt sie natürlich nicht und hält sie für eine Hure. Er will mit ihr schlafen und ihre Dienste mit einem Ziegenbock bezahlen. Bis zur Bezahlung kann er ihr nur ein Unterpfand geben und Tamar verlangt sein Siegel, seinen Ring und seinen Stab. Juda überlässt ihr bereitwillig die Insignien seines Standes und „kommt zu ihr". Als sein Freund Hira später das Pfand gegen den Ziegenbock zurücktauschen will, ist Tamar verschwunden.

Drei Monate später wird Juda zugetragen, dass seine Schwiegertochter schwanger sei. Nach den Gesetzen muss sie sterben. Juda gibt die Anweisung: „Führt sie hinauf, sie soll verbrannt werden." Als Tamar zur Hinrichtung geführt wird, schickt sie die Siegel, Ring und Stab zu ihrem Schwiegervater und lässt ausrichten: „Von dem Mann, dem dies gehört, bin ich schwanger." Juda erkennt seine Insignien – und anerkennt Tamar und ihre ungeborenen Kinder als rechtmäßige Erben seines verstorbenen Sohnes Er.

Tamar gebiert unter Mühen Zwillinge, Perez und Serach, und kommt als Mutter des Perez in den Stammbaum des König Davids und in den Stammbaum Jesu.

Schattendasein

Was für ein Frauenleben! Immer nur als „Frau von ..." gibt es eine Daseinsberechtigung. Immer nur als „Mutter von ..." bekommt sie einen Wert.

Ihre Trauer um den ersten Ehemann zählt ebenso wenig wie der Kummer, kinderlos zu sein, oder der Frust darüber, dass ihr zweiter Ehemann keine Kinder mit ihr zeugen will. Wie ein Spielzeug wird sie heimgeschickt zu ihrem Vater, hat allenfalls ein Bleiberecht als „Tochter von ...“ Aber keinen Stand als selbstbestimmte Frau.

Als Witwe ist sie weitgehend rechtlos und arm, und damit sie nicht unter das Existenzminimum fällt, haben die israelitischen Gesetzesvorschriften den Hilfeplan für verwitwete Frauen beschrieben: Es gibt das Recht bzw. sogar die Pflicht zur „Leviratsehe“. Im Fall, dass die Ehe eines verstorbenen Mannes kinderlos geblieben ist, haben dessen Brüder bzw. nächsten Blutsverwandten die Pflicht, dessen Ehefrau als Frau zu nehmen. Die gesetzlichen Folgen der Kinder aus dieser Schwagerehe bestehen darin, dass der Erstgeborene, „in den Namen des verstorbenen Bruders eintritt, sodass dessen Name nicht aus Israel ausgelöscht werde“. Nebenbei war auch der Frau Nahrung, Kleidung und Sexualität gesichert (Ex 21,10).

Selbst dieses Recht wird hier verweigert. Sie wird einfach zurückgeschickt, wie bei einer Warenretoure mit dem Kreuz versehen: Nichtgefallen, unpassend, für nicht gut befunden.

Diese Entwertungsgeschichte gipfelt im vernichtenden Todesurteil, als ihre Schwangerschaft sichtbar wird: „Sie soll verbrannt werden!“ Eine Frau voller Leben soll bei lebendigem Leib qualvoll sterben.

Berichterstattung im Jahr 2014: In die Schattenbilder von Tamars Geschichte mischen sich Bilder von vergewaltigten und qualvoll getöteten Frauen in Indien, rechtlose Opfer patriarchaler Übergriffe. Bilder von gesteinigten Frauen in Nigeria, die als Vergewaltigungsopfer des Ehebruchs angeklagt zum Tode verurteilt wurden. Bilder aus dem Gefängnis im Sudan, von der zum Tode verurteilten jungen Mutter, weil sie ein Kind empfangen hat von ihrem Ehemann, der nach dem Gesetz der Scharia nicht ihr Ehemann sein durfte. Bilder von Frauen in Armut im Alter, deren Witwenrente nicht zum Existenzminimum reicht. Bilder von Frauen, die sich nicht trauen, um ihren Unterhalt, um ihr Recht zu kämpfen.

Bilder von Frauen, die auch heute abhängig davon sind, dass die Männer gerecht handeln. Angewiesen darauf, dass die Männer ihnen das Recht gewähren, das ihnen zusteht. Den Launen der Männer ausgeliefert, ja, dem Urteil der Männer, das ihr Todesurteil werden kann.

Riss im Schatten

Was für ein Frauenleben! Tamar lässt sich nicht in die Rechtlosigkeit abschieben. Fügt sich nicht ergeben in ihr ungerechtes Schicksal. Wartet nicht, bis ihr irgendwann von irgendjemandem Recht widerfährt. Lässt sich nicht auf den St. Nimmerleinstag vertrösten.

Sie weiß um ihre Rechte und setzt sich fürs Leben ein. Listig und hintenrum, sagen die einen. Schlau und im Bewusstsein ihrer Möglichkeiten, würdigen die anderen. Mit den Mitteln der Frau „hängt sie Juda ein Kind an", urteilen die einen. Aufrecht und selbstbestimmt holt sie sich, was ihr zusteht, werten die anderen. Egoistisch, qualifizieren die einen. Im Einsatz für das Wohl aller, bewerten die anderen.

Tamar ist weder Ehefrau noch Hure. Sie ist eine selbstbestimmte Frau. Durch die List, mit der sie sich ihr Recht verschafft, und durch das Risiko, das sie dabei eingeht, verlässt sie die Opferrolle und wird zur Handelnden.

Die ambivalenten Bewertungen aktiver Frauen sind auch 2014 nicht unbekannt. Erfolgreiche Frauen in der Wirtschaft haben sich mit den „Waffen der Frau" hochgemogelt. Politikerinnen werden als Quotenfrauen abqualifiziert. Frauenrechtlerinnen als Egoistinnen abgestempelt. Und Umfragen bilden auch heute noch ab, dass eine Frau mindestens so schön wie klug sein sollte. Denn: wer will schon eine Emanze zur Frau?

Und das göttliche Urteil in unserem biblischen Drama? Juda spricht es aus, als er seine Vaterschaft erkennt: „Sie ist gerechter als ich." *Zedaka* heißt hier das hebräische Wort und bedeutet soviel wie göttliche Gerechtigkeit. Gott selbst ist die *zedaka* und steht für Recht und Shalom, für Lebensfrieden für das ganze Volk.

Tamar wird schwanger und Mutter. Schon das ist ein Zeichen göttlicher Gerechtigkeit, segensvoller Gnade. Dass sie Zwillinge gebiert, ein Zeichen doppelter Gnade.

Als man sie hinausführte, da schickte sie ihrem Schwiegervater folgende Botschaft: „Von dem Mann, dem dies gehört, bin ich schwanger." Und sie sagte: „Identifiziere doch, wem dieser Siegelring und diese Schnüre und dieser Stab gehören!" Und Juda identifizierte sie und sagte: „Sie hat gerecht gehandelt im Verhältnis zu mir! Es ist so, dass ich sie meinem Sohn Schela nicht gegeben habe.“ ... Als dann die Zeit kam, da sie gebären sollte, waren Zwillinge in ihrem Leib (GEN 28,25).

Licht

Lichtvoll geht die Geschichte der Tamar weiter. Im Stammbuch des Buches Rut wird sie gewürdigt als Ahnfrau des Königs David. Und im Stammbaum Jesu ist mit ihrem Namen und ihrer Geschichte aufgenommen, dass Jesus der Spross einer nicht gerade heilen Familie und ungebrochenen Familiengeschichte ist.

„There is a crack in everything. That’s how the light gets in“, singt Leonhard Cohen. Mitten im Leiden, im Hadern, in Verwicklungen und Verwerfungen, in Lüsten, Listen, im Getriebensein liegt das Potential, dass Heil geboren wird. Der Riss ist notwendig, dass das Licht hereinscheinen kann.

Der Name Tamar bedeutet „Dattelpalme“ und ist ein großes Zeichen der Fruchtbarkeit und des üppigen Lebens.

Der Koran erzählt in der Sure von der Geburt Jesu, wie die hochschwangere Maria unter einer Dattelpalme Stärkung empfängt. Was für ein schönes Bild, um uns an Tamars Licht zu laben und zu beleben.

Licht unterm Schleier

Sieger Köder spielt in seinem Bild auch mit Schatten und Licht. In dunklen Tönen ist das Bild gemalt, erdiges Braun, dunkles Blaugrau. Der Baum im Hintergrund kahl und grau. Judas dunkles Gesicht wird fast von dem braunen Tuch verhüllt – er versteckt sich, ist in den Schatten abgetaucht. Tamars Leib wölbt sich schon unter dem graublauen Gewand. Der Schleier kann das Leuchten auf ihrem Gesicht nicht verdecken: Hier strahlt das Licht hin, auf das Antlitz der Frau. Auf ihren hellen Kopf. Und auf ihre Hand, die den Ring und das Siegel hält, auf den Stab. Gottes Gerechtigkeit, Gottes „Zedaka", göttlicher Segen liegt auf ihr und ihrem Handeln und es lässt sich schon erahnen, dass der schwangere Bauch auch bald zu leuchten beginnt.

Tamar – eine Frau wie du und ich

Nimm dein Leiden wahr – aber nicht hin.
Du hast ein Recht auf Leben: Sei dir dessen gewiss.
Setze dich für dein Lebensrecht ein, egal was die anderen sagen.
Bleib mit deiner Kraft verbunden.
Spür den Segen göttlicher Gnade in dir.
Bleib im Licht!

SUSANNE HERZOG

MIRJAM

und der unbequeme Dienst am Leben

Mirjam, die von Anfang an das Leben unterstützt

Ohne dass ihr Name genannt wird, steht die Schwester des Mose abwartend und handelnd am Ufer des Nils, in den die Mutter den kleinen Knaben Mose in einem Binsenkörbchen ausgesetzt hat. „Seine Schwester blieb in der Nähe stehen, um zu sehen, was mit ihm geschehen würde." Und als die Tochter des Pharao zum Baden kommt, das Kästchen mit dem Baby entdeckt und Mitleid mit dem Kind bekommt, steht Mirjam vermittelnd zur Stelle: „Soll ich zu den Hebräerinnen gehen und dir eine Amme rufen, damit sie dir das Kind stillt"? So sorgt sie dafür, dass Mose überlebt (Ex 2,7–8).

Das ist die Erfahrung einer grundlegenden Spiritualität im Dienst am Leben. Alles beginnt mit dem Widerstand gegen das herrschende System. Frauen und Kinder solidarisieren sich heimlich im zivilen Ungehorsam, im prophetischen Hören auf den Schrei nach Leben. Die Hebammen Schifra und Pua, die Mutter des Mose Jochdebed und seine Schwester sind die wichtigsten Protagonistinnen des Exodus.

Miteinander vereint, gestützt von ihrem Glauben an Gottes Gegenwart, riskieren sie ihr Leben, um Leben zu retten. Sie „hören Gott, wo das Leben ruft", weil sie auf das Leben hören, in dem Gott ruft.

Mirjam, die Führerin und Prophetin

Mirjam wird in der Bibel beschrieben als eine dem Leben zugewandte Frau, die ihren Part im Volk und für Gottes Weg mit diesem Volk annimmt: Sie wird in Ex 15,19–21 als Führerin und Prophetin herausgestellt, die ins Wort

bringt, was Gottes Tat ist. Auf dem Wüstenweg stellt sie sich im Gespräch mit Aaron gegen ihren Bruder Mose, was sie vor Gott in Ungnade fallen lässt (Num 12,1ff). Von Aussatz getroffen wird sie aus dem Lager ausgesperrt. Aber das Volk bricht nicht auf, bis man Mirjam wieder hereinlässt in ihre Mitte und sie den Weg mit dem Volk weitergehen kann. Weiter genannt wird sie in Zusammenhang mit der Erzählung der Heilsgeschichte Israels, wo deutlich wird, dass sie zum Stamm Levi gehört (1 Chr 5,29) und ihren Anteil hat beim Auszug aus dem Sklavenhaus (Mich 6,4).

Mirjam, die mutig Singende und Gott Bekennende

Mirjam, die Mutige, geht vor ihrem Volk her, als es am Schilfmeer vor den ägyptischen Verfolgern gerettet worden war. Sie ergreift Initiative, nimmt die Pauke in die Hand. Der Druck ist weg, die Belastung nicht mehr da. Ein Fest soll es geben, ein lang verweigertes Fest für Jahwe, das frei macht. Sie prophezeit, tanzt und singt dem Befreier. Das Lied der Mirjam ist ein sehr alter Text, gedichtet vor mehr als dreitausend Jahren. Bibelforscher sagen, es ist einer der ältesten Texte in der Bibel überhaupt. Mirjam fasst zusammen, was das Allerwichtigste dieser Exoduserfahrung war: Gott hat Rosse und Wagen ins Meer geworfen. Er hat eingegriffen. Er hat sich als der erwiesen, der dem Mose im Dornbusch erschienen ist. Es ist ihr Glaubensbekenntnis, das wir in unserer Osterliturgie aufgreifen.

Denn als die Rosse des Pharao mit Wagen und Reiten ins Meer zogen, ließ der Herr das Wasser des Meeres auf sie zurückfluten, nachdem die Israeliten auf trockenem Boden mitten durchs Meer gezogen waren. Die Prophetin Mirjam, die Schwester Aarons, nahm die Pauke in die Hand, und alle Frauen zogen mit Paukenschlag und Tanz hinter ihr her. Mirjam sang ihnen vor: „Singt dem Herrn ein Lied, denn er ist hoch und erhaben! Rosse und Wagen warf er ins Meer (EX 15,19–21).

Ihr Glaube bekommt Ausdruck in Wort und Gebärde. Er wird sichtbar, hörbar, wird mit allen Sinnen zum Ausdruck gebracht. Da hält sie nichts mehr. Sie springt und bewegt sich im Rhythmus. Sie gibt Antwort, sie findet Worte für den erhabenen Gott. Singen, spielen, tanzen und auf diese Weise Gott loben, danken, ihn preisen, ihm ein Lied singen. Mirjam ist die erste, die Gott als Jahwe bestätigt. Gott ist wirklich der *Ich bin da*. Er verspricht, dass er immer auf der Seite derer sein wird, die ihn annehmen, ihm trauen.

Und ihr Tun hat Wirkung. Die Frauen folgen ihr nach – es ist keine Einzelvorstellung. Sie reißt mit und die Frauen finden im Reigen ein neues Miteinander. Es ist nicht das Leben in Ohnmacht und Unterdrückung, in Hoffnungslosigkeit und Würdelosigkeit. Neues tut sich auf. Und das Neue kommt von Gott. Nicht der starke Bruder Mose und der sprachbegabte Aaron haben bewirkt, dass die Freiheit sehr nahe ist – Mirjam weiß und bezeugt: Es ist Gott, der frei macht, der den Weg nach vorne öffnet.

Mirjam, die Mächtige und Ohnmächtige

Mirjam ist Mose und Aaron nicht nachgeordnet, sondern ihnen gleichgestellt. Mit ihren Brüdern zusammen steht sie da als Führerin, als eine, die sich mitverantwortlich fühlt für ihre Brüder, für ihr Volk, für den Weg in die Zukunft in ein unbekanntes Land.

Mutig ist sie und mächtig. Gleichzeitig schimmert in der folgenden Zeit auf der Wüstenwanderung ein Konkurrenzverhältnis zwischen den drei Führenden durch. Mose gewinnt. Und Mirjam wird bestraft. Aaron bleibt bei seinen Reden. Eine Situation, die sehr schwer anzunehmen ist und doch scheint es exemplarisch zu sein. Mirjam, die Prophetin, die Anführerin der Frauen, die Glaubende, die Sorgende und Aufmerksame und die Widersprechende – sie wird ausgesetzt ... und das Volk muss den Wüstenzug unterbrechen.

Vielleicht ist es das, was Mirjam für mich so spannend macht: initiativ den Glauben bezeugend und gleichzeitig kritisch wach. Nach anspannender Leidenszeit in Ägypten und der großartigen Rettungsaktion durch Jahwe ist Mirjam die große Verkünderin von Gottes Taten. Sie schweigt nicht in der Gemeinde und wartet auch nicht auf einen Auftrag ihrer Brüder. Sie ist initiativ und kreativ, gläubig und zuversichtlich, realistisch und demütig. Aber sie ist auch kritisch und wach gegenüber dem Verhalten des Mose. Sie murrt. Sie stellt Fragen und stellt sich Mose entgegen, auf Augenhöhe, unterstützt von Aaron.

Warum wird Mirjam vom Aussatz getroffen und nicht in gleicher Weise Aaron, der die Handlungen des Mose genauso kritisiert? Was bedeutet es, wenn Jahwe die beiden Geschwister zur Rede stellt wegen ihrer Auflehnung? Deutlich wird, dass Mose in besonderer Beziehung zu Jahwe steht und es den beiden Geschwistern zugemutet wird, das gelten zu lassen.

Die beiden Brüder, Mose wie Aaron, spüren ihre Anteile – beide werden initiativ. Aaron spricht mit Mose über sein Fehlverhalten und Mose nimmt seine gute Beziehung zu Jahwe auf und bittet um Heilung.

Die Beziehung der drei wird nicht zerstört. Sie bleiben sich, ihrem Auftrag und dem Volk treu. Mirjams Ausschluss ist nicht für immer. Das Volk wartet. Mirjam gehört dazu, auch und gerade in ihrer Krankheit, ihrem Ausgeliefertsein, ihrer Schuld.

Sieger Köders Darstellung bringt die in Mirjam lebende Kraft zum Ausdruck. Sie springt aus dem Feuer des Untergangs in das Feuer des Geistes Gottes. Sie hat sich schön gemacht im königlichen Gewand, Schmuck an der Hand und rotlackierten Fingernägel. Sie hat sich nicht vernachlässigt bei aller Unterdrückung und allen äußeren Umständen. Die Vergangenheit im Rücken – Sieger Köder deutet die Pyramiden der Sklavenhalter Ägyptens an. Umgeben vom Schilfmeer richtet sie ihren Blick auf eine neue Zukunft, lauscht auf den Klang der Trommel wie auf das befreiende Wort Gottes. Offen bleiben für das Leben, das macht den Exodus zu einem Neuanfang.

Mirjam, bis heute im Dienst am Leben

Das Volk hat nicht vergessen, wie Mirjam damals nach der Rettung am Schilfmeer das Lied des Lebens anstimmte. Es war kein Lied, das Lust hatte am Untergang der Ägypter oder die Kriegsgewalt Jahwes über alles stellte. Das Lied ist nicht verstummt durch alle Zeiten: Pharaos Rüstungen sind nichtig. Rosse und Wagen sind falsche Sicherheiten. Gott ist derjenige, der

Hilfe gibt den Unterdrückten, der Befreiung schenkt und Leben will. Er ist ein Freund des Lebens, derweil Menschen mit ihrer Denkart und ihrem Sicherheits- und Machtbedürfnis an ihre Grenzen kommen. Gott ist der Daseiende, der aus dem Sklavenhaus befreit. Hinausziehen müssen wir selber. Mutig aufbrechen, neue Wege wagen und riskieren.

Wie immer die Macht, die Gewalt der Gewalttätigen, die Angst und der Schrecken, die Erklärungen derjenigen, die abhängig machen, aussehen – Mirjams Lied bezeugt: Gott ist da, er tut, er hört den Schrei der Menschen. Mirjam ist eine Künderin des Lebens und der Zukunft – auch und gerade in Zeiten, in denen Ohnmacht und Abhängigkeit uns lähmen wollen. Die Stärke, die Mirjam auszeichnet, hat ihren Urgrund in ihrer Beziehungsfähigkeit zu ihrer Familie und ihrem Volk, aber vor allem zu Jahwe, der das Schreien des Volkes hört und immer wieder Mut macht zum Auszug – in die Freiheit der Kinder Gottes.

Es ist auch für uns heilsam und entlastend, in schwierigen und notvollen Zeiten weniger auf uns selbst und mehr auf Gott zu bauen, zu vertrauen. Es ist dieselbe Erfahrung, die P. Alfred Delp (SJ) in seiner Todeszelle schreiben lässt:

„Lasst uns dem Leben trauen, weil wir es nicht allein zu leben haben, sondern weil Gott es mit uns lebt!“

Mirjam – eine Frau wie du und ich

Brich auf aus der Not.
Geh durch die Nacht und die Wüste.
Scheue keine drohenden Gefahren.
Besinge die kleinen und großen Wunder.
Sei gewiss: Gott hört auch deinen Schrei.
Lass die falschen Sicherheiten fahren.
Vertraue auf Gottes Unterstützung.
Denn du selber bist die Prophetin und die Führerin, die mutig Singende und die Gott Bekennende, die Mächtige und die Ohnmächtige... traue und diene dem Leben!

SR. PAULIN LINK

RAHAB

und die ambivalente Sehnsucht nach mehr Raum

Prolog

Auf der Suche nach einfachen Antworten zu einer biblischen Figur wird die Geschichte von Rahab zu einer Herausforderung. Die Lektüre des Josuabuches Kapitel 2 und 6 lässt ratlos zurück. Rahab fasziniert und verstört, löst Unruhe aus und Neugier. Sie ruft Protest hervor und mit diesem auch wieder leise Töne von Hoffnung auf eine andere Welt – ohne Kriegsgetöse, ohne Gewalt und Unterwerfung, ohne einen Gott, der von den einen gefeiert wird, weil er andere besiegt.

Rahab ist keine bequeme Frau. Ihre Geschichte dient nicht zur Beruhigung und für wellness-religiöse Bestärkung der Weiblichkeit oder der Rolle der Frau. Sie ist quer gelagert, kann schwer im Magen liegen. In jedem Fall löst sie ambivalente Gefühle aus.

Also sich am besten gar nicht mehr mit ihr beschäftigen? Gerade deshalb! Wirkliche Veränderung geschieht durch Irritation – und deshalb ist die Figur der Rahab so spannend und wertvoll.

Rahabs Geschichte

Nach dem Tod des Mose bekommt Josua den Auftrag von Gott, das Volk über den Jordan in das Land zu führen, „das ich euch geben werde" (Jos 1,2). Josua schickt zwei Spione los, um das Land zu beobachten und sich über die Stadt Jericho kundig zu machen. Sie kommen ins Haus von Rahab. Rahab, die als „ungebundene Frau" bezeichnet wird, lebt in einem Haus in der Stadtmauer. Sie nimmt die israelitischen Männer auf, mehr

noch, versteckt sie auf dem Dach ihres Hauses vor den Soldaten des Königs von Jericho, die sie mit einer Notlüge abwimmelt. Rahab ringt den Spionen für ihre Hilfe die Zusage ab, dass ihre Familie bei der Eroberung der Stadt verschont bleibt. Sie bekennt sich zu dem Gott JHWH, der sich stärker als alle anderen Gottheiten erwiesen hat. Rahab lässt die Männer am nächsten Tag mit einem Seil aus ihrem Fenster herab und rät ihnen, wie sie sich vor den Soldaten verstecken können. Als verabredetes Zeichen bindet sie ein rotes Seil an ihr Fenster. Nach der siebentägigen Belagerung Jerichos wird die Stadt erstürmt und in Flammen gelegt. Die Israeliten halten ihr Versprechen: Rahab und ihr ganzes Haus überleben als einzige die Katastrophe und sie „wohnt bei den Israeliten bis heute" (Jos 6,25).

Nun schwört mir beim Herrn, dass ihr der Familie meines Vaters euer Wohlwollen erweist, wie ich es euch erwiesen habe, und gebt mir ein sicheres Zeichen dafür, dass ihr meinen Vater und meine Mutter, meine Brüder und meine Schwestern und alles, was ihnen gehört, am Leben lasst und dass ihr uns vor dem Tod bewahrt. Die Männer antworteten ihr: Wir bürgen mit unserem Leben für euch, wenn ihr nur unsere Sache nicht verratet. Wenn uns der Herr das Land gibt, werden wir dir unser Wohlwollen und unsere Treue zeigen. Darauf ließ die Frau sie mit einem Seil durch das Fenster die Stadtmauer hinab; das Haus, in dem sie wohnte, war nämlich in die Stadtmauer eingebaut. ... Die Männer sagten zu ihr: Wir können uns nur unter folgender Bedingung an den Eid halten, den du uns hast schwören lassen: Wenn wir in das Land eindringen, musst du diese geflochtene purpurrote Schnur an das Fenster binden, durch das du uns herabgelassen hast, und du musst deinen Vater, deine Mutter, deine Brüder und die ganze Familie deines Vaters bei dir in deinem Haus versammeln
(Jos 2,12–15.17–18).

Rahab – Verräterin und Kollaborateurin

Es führt kein Weg daran vorbei: Rahab verrät ihr Volk. Sie nimmt die feindlichen Spione bei sich auf und schützt sie vor ihren eigenen Leuten. Die ganze Geschichte der sogenannten Landnahme hinterlässt den bitteren Geschmack von Eroberung und Kolonisierung. Theologinnen aus Afrika und

Südamerika erkennen in dieser biblischen Erzählung die grausame Geschichte der Eroberung: „Rahab erinnert uns an unsere eigenen Geschichten – Geschichten geschrieben über uns, nicht für uns, Geschichten, die zu lesen ein Alptraum ist.“ (Musa Dube, Botswana)

Die Israeliten kamen ebenso wenig wie die Europäer in ein leerstehendes Land, sondern eroberten mit Gewalt ein Land, in dem die Bewohner getötet, unterdrückt oder vertrieben wurden und deren Kultur entwertet oder zerstört wurde.

Und Rahab erscheint in diesem Spiel als Kollaborateurin, die für ihren eigenen Vorteil kämpft, die um den Preis des Schutzes ihrer Familie eine ganze Stadt verrät.

Aber mache ich, eine Frau, die in einem modernen, demokratischen Land lebt, mir meinen Blick zu einfach? Ich frage mich: Woran erinnern sich wohl Frauen aus der Kriegsgeneration? Welche Ängste erinnern sie beim Lesen der Geschichte von Rahab? Kennen sie die Situation, alles zu tun, um die eigene Familie, die Liebsten zu retten? Wie hätte ich gehandelt?

Mit welchen Augen lese ich? Perspektivwechsel

Einen anderen Ton bekommt die Geschichte von Rahab, wenn ich mir klar mache, in welcher Situation Menschen sich diese Geschichte damals erzählt haben. Denn entstanden ist der Text des Josuabuches erst im 7.–6. Jahrhundert v. Chr., also lange nach der erzählten Geschichte der Landnahme. Das Volk Israel war im Exil. Nach vielen Jahren in der Fremde war völlig unklar, ob man je wieder in das eigene Land zurückkehren würde. Sehr wahrscheinlich hatten die Israeliten große Zweifel am Wirken ihres Gottes – hatte er sie vergessen? Wie konnten sie noch an ihn glauben, wenn sie doch als Fremde in Babylonien lebten, um sich herum eine ganz andere Kultur, viele andere Gottheiten, die ihren Anhängerinnen und Anhängern mehr Glück zu bringen schienen.

In dieser Situation entstand die Geschichte der Eroberung des Landes, „das ich, euer Gott JHWH, euch geben werde“. Und Rahab wird zu einer Frau, die zwar zu den privilegierten Bewohnern des Landes gehört, die aber erkannt hat, dass der Gott Israels sich als mächtiger als die einheimischen Gottheiten erweisen wird. Also, die Geschichte mit den Ohren der Menschen im Exil gehört: Eines Tages werden wir zurückkehren in unser Land. Eines Tages werden die heute Mächtigen erkennen, dass uns unser Gott nicht verlässt, sondern dass er für uns sorgt und uns eine Zukunft schenkt.

Dass Menschen solche Hoffnungsgeschichten brauchen, dass sie einen starken, für sie kämpfenden Gott herbeisehnen, der alle feindlichen Mächte zu Fall bringt, ist in Situationen von Ohnmacht und Verzweiflung nur allzu verständlich.

Rahab – eine der Stammmütter Jesu

In Mt 1,5 wird Rahab als eine der vier Frauen im Stammbaum Jesu genannt. Spannend, denn alle drei dort erwähnten alttestamentlichen Frauen – Rahab, Rut und Batseba – sind Ausländerinnen. Also keine glatte Familiengeschichte, sondern gerade die Quereinsteigerinnen in der Geschichte des Gottesvolks werden zu denen, die für die Kontinuität und die Tradition stehen. Gerade diese drei werden explizit genannt, neben vielen Männern, um zu zeigen, dass der rote Faden immer weiterging – bis schließlich zu Maria aus Nazaret, die Jesus gebiert.

Der rote Faden

Der rote Faden rettet Rahab. Als Zeichen, dass ihr Haus verschont werden soll, erinnert die Farbe und die Kennzeichnung an den Exodus, wo die Türpfosten mit rotem Blut bestrichen wurden, um die Kinder der Israeliten zu schützen. Aber als Frau erinnert der „rote Faden“ natürlich auch an die Erfahrung der Geburt, an die Nabelschnur, die das werdende Kind neun Monate lang nährt und mit dem Körper der Mutter verbindet. Lebensfaden, der dann durchtrennt werden kann, wenn ich selbst atmen kann. Rahabs rotes Band – die damals sehr wertvolle Purpurfarbe spricht dafür, dass sie eine wohlhabende Frau war – sorgt dafür, dass die Geschichte des Gottesvolkes trotz aller Zerstörung weitergehen kann. Wo sind heute die roten

Fäden ausgehängt – von Menschen, die sich nach Frieden sehnen, die gerettet werden möchten aus Bürgerkriegen und nicht enden wollenden Gewaltsituationen?

Ein dickes, robustes Seil ist auf Sieger Köders Bild zu sehen. Sie hält sich fest daran. Zieht sie den anderen herauf oder lässt sie ihn hinunter? Wer hält hier wen? Fast wirkt es so, als ob sie über die Mauer gerettet wird und als ob in jedem Moment der rote Faden die Dornbüsche an der Mauer entzünden kann: Siehe, ich bin dein Gott, der für dich da ist (Ex 3,14). Sind es die Hände Gottes, mit denen sie durch das Seil verbunden ist? Hängt sie an ihm – und Gott an ihr? Ich lasse dich nicht, scheinen beide Paar Hände zu sprechen. Und: Ich brauche dich – halte an mir fest, lass nicht los.

Rahab ergreift ihre Chance. Sie will leben. Sie will, dass ihre Familie leben kann.

Rahab – ihr Name bedeutet „weit“, „unbegrenzt“, „geräumig“. Und ihr Beiname, mit dem sie näher bezeichnet wird, heißt „die Ungebundene“. (Luther und viele andere übersetzen „Hure“, „Prostituierte“.)

Das klingt nach einer starken Persönlichkeit, nach Freiheit im Denken und Handeln, nach eigenem Kopf und klugen Strategien. Eine faszinierende Frau, die eigene Sehnsüchte nach Ungebundenheit, nach Weite und Raum für mein Leben weckt.

Wäre da nicht das Wissen darum, dass ihr Leben gerettet wird, das der anderen aber nicht. Und ich frage mich – welchen Preis hat/hatte unser Streben nach weitem Raum, nach Freiheit? Und geht es auch anders? Ich will nicht dabei stehen bleiben, dass es immer heißen muss: du oder ich? Wir oder die anderen.

Rahab – eine Frau wie du und ich

Sie ist eine Frau, aufgewachsen im Konflikt ihres Volkes untereinander, hat sie sich ihren eigenen Kopf gemacht. Sie ist bekannt, denn sie bringt die Entscheidungsträger zusammen – in ihrem Haus auf der Grenze. Sie bietet Raum, neutralen Boden, eine gepflegte Atmosphäre, gutes Essen, guten Wein. Berühmte Persönlichkeiten haben sich schon bei ihr getroffen und von Angesicht zu Angesicht geredet, weit weg von jeder Kamera. Auch die Streithähne aus dem Dorf nebenan. Sie fragt sie nicht nach ihren Argumenten. Sie fragt sie nach ihren Träumen und Visionen. Ausgesprochen füllen sie das Haus. Sie hört zu und schreibt sie in kleinen, sich unendlich aneinander reihenden Buchstaben an die gekalkten Wände. Oft kommen die Leute und lesen und schreiben ihres dazu – als gälte es nicht loszulassen, den Faden nicht abreißen zu lassen und festzuhalten daran, dass eine andere Welt möglich ist.

KARIN LINDNER

RUT
und die Sehnsucht nach Zukunft

So nahm Boas Rut zur Frau und ging zu ihr. Der Herr ließ sie schwanger werden, und sie gebar einen Sohn. Da sagten die Frauen zu Noomi: Gepriesen sei der Herr, der es dir heute nicht an einem Löser hat fehlen lassen. Sein Name soll in Israel gerühmt werden. Du wirst jemanden haben, der dein Herz erfreut und dich im Alter versorgt; denn deine Schwiegertochter, die dich liebt, hat ihn geboren, sie, die mehr wert ist als sieben Söhne (RUT 4,13–15).

Meinen Ausgangspunkt in den Blick nehmen

Meine Annäherung an Rut ist keine jungfräuliche. Schon lang nicht mehr. Ja, sogar ein bisschen unmutig tippe ich diese Zeilen. Nicht schon wieder diese einmalige Frau, die mutig ihren Lebensentwurf riskiert und Frauen zu allen Zeiten, die zu Hause im gewohnten Reglement aushalten, brüskiert. Nicht schon wieder diese schlaue Frau, die sich von Gefühlen leiten lässt und Tabus bricht, aber eigenartig wenig Eigenes zu sagen hat. Auch möchte ich nicht erneut empfinden, ich müsse mich mit Frauen messen, die es in den Stammbaum Jesu „geschafft" haben – auch wenn diese bekannterweise überhaupt nicht makellos waren. Eher humorvoll ist dann die Erinnerung an manch enttäuschtes oder erstauntes Gesicht, wenn ich als Pfarrerin einem Brautpaar erklärte, dass Ruts Worte „Wohin du gehst, dahin gehe auch ich, und wo du bleibst, da bleibe auch ich" eine Treueerklärung der einen Frau zur anderen ist und kein eheähnliches Versprechen. Was soll ich nun schreiben? Wie finde ich einen neuen Zugang zu Rut?

Nun, nachdem ich mir meine Vorbehalte gegen die vorbildliche Rut von der Seele geschrieben habe, ist mein Groll gegen sie etwas abgeklungen.

Und ich beginne, mich für ihr Leben und ihre Entscheidungen wieder zu interessieren. Doch dazu braucht es erst einmal ihre Geschichte, die sich vor langer Zeit in einem völlig anderen Kulturkreis des alten Orients abspielt ...

Ruts Geschichte entdecken und den Schmerz teilen

Rut lebt in Moab, einem Nachbarland Judas, östlich vom Toten Meer gelegen. Sie heiratet einen judäischen jungen Mann – Juda war das südliche Israel –, dessen Familie wegen Hungersnot nach Moab gezogen war. Die Ehe blieb kinderlos. Auch die Ehe des Bruders ihres Mannes blieb es. Als schließlich der Vater der beiden Männer stirbt und man hört, dass es in der judäischen Heimat wieder genug zu essen gäbe, plant die Witwe Noomi, allein nach Hause zurückzugehen, in ihr Dorf Betlehem, ohne ihre moabitischen Schwiegertöchter Rut und Orpa, denen sie ihr eigenes Witwenschicksal ausdrücklich nicht zumuten möchte. Im „Haus ihrer Mutter" – so schlägt Noomi ihnen vor – könnten beide wieder nach der Sitte verheiratet werden und Platz und Rechte in einer neuen Familie finden.

Allein unterwegs zu sein – als Frau damals ein unerquickliches Abenteuer; ausgeliefert zu sein an die Unbill der Natur, Kreatur und des Wetters; von wilden Tieren und von Männern bedroht. Noomi beklagt denn auch vehement ihr Schicksal: „Denn mich hat die Hand des Herrn getroffen." Und dann noch allein am Ziel anzukommen, dem leisen Spott der Einheimischen ausgesetzt zu sein ... Zu zweit ist es da besser: ein Blick, der stärkt, Worte, die die inneren Grübeleien durchbrechen, Hände, die mit anpacken.

Rut lässt sich tatsächlich nicht abwimmeln von ihrer Schwiegermutter: „Dränge mich nicht, dich zu verlassen und umzukehren", so beteuert Rut der älteren Frau an ihrer Seite. „Nur der Tod wird mich von dir scheiden." Rut kehrt ihrer Kultur im Moabitischen und ihrem dortigen Glauben endgültig den Rücken zu. Sie bindet sich an die einsame, von Familienbeziehungen abgeschnittene Noomi. Sie will an dem Ort sterben und begraben werden, wo Noomi sein wird. Sie geht unbeirrt als rechtlose Fremde in ein unbekanntes Land mit, in dem wie überall im alten Orient patriarchale Vorrechte herrschen und Noomi sie kaum würde schützen können. Warum tut sie das?

In Betlehem kommen die beiden Frauen zur Gerstenernte an und beschließen, übrige Ähren aufzulesen. Das ist prinzipiell nach dem Armenrecht möglich, ist aber praktisch von der Willkür des Besitzers abhängig. Rut geht dazu auf die Felder eines alten Mannes namens Boas, ein reicher Verwandter aus der Familie ihres Schwiegervaters. Das Glück beginnt, indem Boas die junge Frau in ihrem Tun unterstützt und sie vor Übergriffen anderer schützt. Eine weitere soziale Rechtsbestimmung – die sogenannte Leviratsehe – eröffnet nun auch die Möglichkeit, dass Rut mit dem jeweils nächsten männlichen Verwandten ihres Mannes einen Sohn zeugt – den Löser – und so vom Witwentum befreit wird. Über diese Ehe wird der unveräußerliche Grund und Boden der Familie wieder in die Erbfolge eingebracht. Wieder wählt Noomi den Boas aus und schickt Rut zu ihm auf die Tenne. Ein Mann, der in der Erbfolge näher steht, muss allerdings zunächst gefragt werden, doch dieser überlässt anstandslos Boas alle Ansprüche. Und so kommt es zur Hochzeit von Rut und Boas. Bald darauf wird ihr Sohn Obed geboren, der Großvater des legendären Königs David.

Der Moment, der alles verändert – Das Bild von Sieger Köder

Sieger Köder hat in seinem Bild den Moment eingefangen, als Boas die junge Rut auf der Tenne entdeckte. Die Tenne ist ein Platz, an dem die Ernte gesammelt wurde, um sie weiterzuverarbeiten oder fürs Lagern oder Verkaufen vorzubereiten. Rut legte sich zu Füßen des schlafenden Boas, um ihm zu begegnen. Unerwarteter Weise erschrak aber Boas heftig, als er Rut entdeckte. Sein Erschrecken glich – es ist dasselbe Wort im Hebräischen – dem Erschrecken des Volkes Israel, als Gott am Fuße des Berges Sinai zu ihm

sprach. Leben explodiert manchmal in Sekunden. Neues bricht sich Bahn und am Anfang steht oft das Erschrecken.
Boas' Frage „ Wer bist du?", malt Sieger Köder auf seine Weise: Boas zupfte am Kopftuch der Frau, um sie zu sehen und zu erkennen. Am Himmel funkelten die Sterne und erinnerten an Gottes Verheißung einer großen Nachkommenschaft im Land des Abraham und der Sara. Ein verdorrter Baum ragt in die Szene hinein: noch herrschte Unfruchtbarkeit und keine Zukunft ist sichtbar. Die aufgeschichteten Garben bestärken hingegen die Botschaft des Sternenhimmels: Fruchtbarkeit wird einziehen und Nachkommen werden geboren. Gottes Geschichte kommt zu den Menschen und eine Ahnung davon befällt beide.

Im Anschluss an ihre störrische Entscheidung, ihrer Schwiegermutter wo auch immer hin zu folgen, befolgt Rut ohne großes Wenn und Aber alle Anweisungen der Schwiegermutter, die offensichtlich genau über die religiösen Sozialrechte und –pflichten ihrer Heimat Bescheid weiß. Einfach ist das für Rut bestimmt nicht gewesen: zu einheimischen Arbeitern und Erntehelferinnen aufs Feld zu gehen, die sie als Moabiterin sicherlich eher missmutig ansahen, oder sich als Ausländerin nachts einem angesehenen Mann zu nähern; Rut mutet mich unglaublich mutig und tatkräftig an. Die ältere Schwiegermutter Noomi geht hingegen klug und vorausschauend vor: Sie lässt sich kontinuierlich den Fortgang der Dinge von Rut erzählen und agiert beredt von zu Hause aus.

Die Sehnsucht nach Zukunft wird gestillt

Die Schicksale der beiden Frauen scheinen mir eng verwoben, die eine kann nicht ohne die andere. Und doch fällt am Schluss die Geschichte fast auseinander. In zwei Szenen wird die Bedeutung Ruts und Noomis für die Nachwelt kontrastreich beschrieben. Und man möchte spontan einem Strang der Forschung zustimmen, dass es ursprünglich je eine Rut- und eine Noomi-Erzählung gab, die im Laufe der Zeit zusammengewachsen sind.

In der ersten Szene ruft Boas die Männer des Dorfes als Zeugen hinsichtlich der Ereignisse um die Erbfolge herbei. Diese sprechen über Rut einen Hochzeitssegen aus und stellen sie den Stammmüttern Lea und Rahel gleich. Für die jüdische Tradition ist das ein bedeutendes Ereignis. Dass Rut dann auch im Matthäusevangelium im Stammbaum Jesu zu finden ist, geht jedoch mehr auf die Deutung der frühen Kirche zurück, die die Ausländerin und Konvertitin Rut als Sinnbild einer Öffnung der judenchristlichen zur heidenchristlichen Kirche verstand. Beides ist sensationell und im Sinn einer von Männern geprägten Theologie und Tradition spannend zu lesen. Aber Noomi kommt hier gar nicht vor und Rut wird idealisiert und ist für normale Frauen unerreichbar. Daher kam wohl auch mein aufgestauter Ärger, den ich erst abstreifen musste, um Rut neu zu begegnen.

In der zweiten Szene, nach der Geburt des Kindes, treten nun die Nachbarinnen und Frauen des Dorfes auf. Sie preisen Gott, dass durch Rut ihr, der Noomi, ein männlicher Nachkomme geboren sei und er für Noomi im Alter sorgen werde. Sie versichern ihrer Nachbarin Noomi, dass Rut, die sie liebe, „mehr wert ist als sieben Söhne“! Welche Wertschätzung unter Frauen: Zuwendung für Noomi und Lob auf Rut! Das fasziniert mich! Unbedingte Solidarität sind bei Frauen damals und doch auch heute Mangelware. Wie warm sich das anfühlt. Und herzlich.

Alles hatten diese beiden Frauen verloren, waren ausgestoßen aus der Gesellschaft und holten sich nun ihr Recht. Ideen, Kreativität, Ausdauer, Hartnäckigkeit, Schläue biegen entgleistes Leben in die Spur von Recht und Gerechtigkeit. Hier finde ich auch meine Sehnsucht wieder nach einem Leben, das heil werden darf und das für alle – Männer und Frauen, Junge und Alte, Menschen in den verschiedensten Lebenslagen und Familienkonstellationen, Gläubige und Andersgläubige – Schutz und Neuaufbrüche, ja vielleicht Glück bietet.

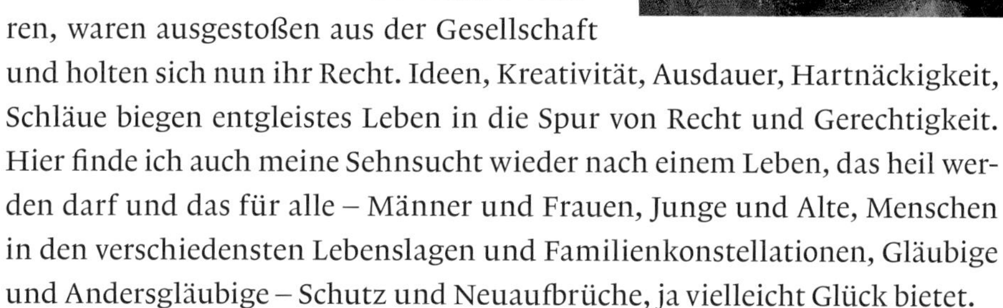

Rut – eine Frau wie du und ich

Lebe dein Leben, indem du an die Orte gehst, nach denen du dich sehnst.
Lebe dein Leben, indem du dich an Menschen bindest, die dir gut tun.
Nimm dein Leben zunehmend selbst in die Hand.
Hinterfrage deine Vorurteile zu aktuellen Lebensmodellen.
Nimm die lebensfördernden Regeln der Religion und des Rechts wahr.
Spüre deine Sehnsucht nach dem lebendigen Gott in den Menschen
um dich herum.
Dann lass dir etwas einfallen und suche das Beste für alle.

KATHRIN BUCHHORN-MAURER

BATSEBA

Sehen und gesehen werden: eine Frage des Überlebens

Batseba – das ist eine Geschichte mit mehreren Folgen. „Frau des Urija" wird sie im Stammbaum des Matthäusevangeliums (Mt 1,6) genannt. So namenlos, wie sie im Evangelium bleibt, so verborgen bleibt Batseba in den Erzählungen des Ersten Testaments. Dort wird die Geschichte mit Blick auf David erzählt – zwar nicht unkritisch gegenüber seinem Machtverhalten, aber Batseba bleibt stets im Hintergrund.

Die Erzählung in der Davidsgeschichte

Als David einmal zur Abendzeit von seinem Lager aufstand und auf dem Flachdach des Königspalastes hin- und herging, sah er von dort aus eine Frau, die badete. Die Frau war sehr schön anzusehen (2 SAM 11,2).

Ganz kurz schildert die Bibel die Ausgangssituation. Vom Dach des Palastes hat David eine gute Sicht auf die Häuser unterhalb des Palastes. Es scheint Zufall zu sein, dass er dort – sozusagen von oben herab – diese Frau erblickt. Davids Blick wird zum Begehren, er erkundigt sich nach ihrem Namen und lässt sie holen, um mit ihr zu schlafen. Batseba kehrt danach wieder in ihr Haus zurück; ist aber schwanger, was sie David mitteilt.

David unternimmt daraufhin Versuche, den Mann Batsebas zum Vater des Kindes zu machen. Offensichtlich durchschaut Urija die Absichten des Königs: Offiziell hält sich Urija an die Regeln und Bräuche Israels, nach denen die mitgeführte Bundeslade einen Krieg zum „heiligen" Krieg werden lässt, der auch sexuelle Enthaltsamkeit einfordert. Gleichzeitig unterwandert er Davids Pläne und muss dies mit dem Leben bezahlen. David sorgt

dafür, dass Urija beseitigt wird. Er lässt ihn in die erste Kampfreihe stellen, sodass er im Krieg getötet wird.

Nach der Trauerzeit lässt David Batseba in den Palast holen, wo sie einen Sohn, der namenlos bleibt, zur Welt bringt. Erst jetzt notiert der biblische Text:

Dem Herrn aber missfiel, was David getan hatte (2 SAM 11,27).

Es ist der Prophet Natan, der in einer einfachen und klugen Beispielgeschichte dem König sein falsches Handeln verdeutlicht und ihm die Strafe Gottes ankündigt. David bereut sein Handeln, er fastet und betet, wird dennoch mit dem Tod seines Sohnes bestraft. Als dieser gestorben ist, geht er zu Batseba, um sie zu trösten, schläft wiederum mit ihr und sie wird schwanger mit Salomo, der vom Propheten Natan erzogen wird.
Erst im Buch der Könige (1 Kön 1;2) lesen wir wieder von Batseba, die sich, mit Unterstützung des Propheten Natan, in die Machtspiele um die Nachfolge Davids einmischt und dafür sorgt, dass Salomo Nachfolger Davids wird. Dadurch wird sie zur Königinmutter; eine einflussreiche und machtvolle Position an der Seite Salomos, die Batseba schließlich erreicht hat.

Die Erzählung als Batseba-Geschichte

Was lese ich, wenn ich Batseba nicht mit den Augen Davids betrachte, sondern ihr selbst nahe zu kommen versuche? Was kann ich zwischen den Zeilen und Buchstaben des biblischen Textes lesen, vermuten, empfinden, wenn ich mich in Batseba hinein fühle?

Sehen und gesehen werden

Batsebas Mann Urija war im Krieg. Seine Frau blieb in Jerusalem; ebenso wie der mächtige

König David, der nicht mehr selbst mit in den Krieg zog. Sie hält – auch als Hethiterin – das jüdische Reinheitsgebot ein und vollzieht nach der Menstruation das Reinigungsbad. Dort wird Batseba von David gesehen, in einer Situation, in der sie vielleicht gar nicht gesehen werden wollte oder zumindest nicht darauf achtete. Sie hatte ihren Blick in dem Moment auf sich selbst gerichtet, vollzog das rituelle Bad der Reinigung entsprechend den Vorschriften. Batseba schaute nicht nach oben zum Königspalast; sie sah David, den König, nicht. Aber sie wurde gesehen und es gab dann kein Entweichen mehr. Der König fordert, von oben herab. Er lässt Batseba, nun nicht mehr namenlos, holen.

Was wäre geschehen, wenn Batseba „Nein“ gesagt hätte? Wenn sie nicht mitgegangen wäre in den Palast des Königs? Hätte David solch einen Widerstand geduldet? Hätte eine Frau, die ihn nicht sehen will, dies mit dem Tod bezahlen müssen? Hatte Batseba wirklich eine Wahl?

Was mag Batseba empfunden haben, als sie zum Palast ging, als sie zum König gebracht wurde, als sie mit ihm zusammen war? Was ging ihr durch den Kopf, was spürte sie, als sie ihre Schwangerschaft bemerkte? Welche Sätze hat sie sich für Urija, ihren Mann zurechtgelegt, um ihm all das zu berichten?

An Batseba wird mir deutlich, wie schwer es ist, bestehenden Machtstrukturen zu entgehen oder gar Widerstand zu leisten. Wie reagiere ich, wenn ich von oben gesehen werde? Wenn ich plötzlich nicht mehr namenlos bin, sondern dadurch selbst Zugang zum Machtzentrum erhalte? Welche Grenzen fallen in solch einem Moment?

Zusehen müssen

Batseba muss im weiteren Verlauf vieles mit ansehen: ihren Mann, der das eigene Haus nicht betritt, sie nicht ansieht und seine Konsequenz mit dem Leben bezahlen muss. So wird sie mit der tödlichen Macht des Königs konfrontiert, mit einer Macht, die sich zum Herrscher über Leben und Tod aufspielt.

Wieder muss sie dem Befehl folgen, wird noch einmal zum Palast des Königs gebracht, nun nicht mehr als Geliebte, sondern als Frau des Königs, die dessen Kind in sich trägt. Schließlich stirbt dieses Kind nach wenigen Tagen.

Was wäre geschehen, wenn Batseba sich für ein Leben als Witwe entschieden hätte? Hätte sie mit dem kleinen Kind überleben können? Hatte sie eine Wahl?

Was mag Batseba empfunden haben, als sie erneut zum Palast gebracht wurde, als David sie zur Frau nahm? Wie hat Batseba den Tod des Kindes verkraftet, nachdem sie schon den Tod ihres Mannes durchstehen musste? Hat sie sich schuldig gefühlt? Hat sie ihrem Kind heimlich einen Namen gegeben, damit es nicht namenlos bleibt? War ihr David wirklich ein Trost oder ging es wieder nur um ihn?

An Batseba wird mir deutlich, welche Folgen eine Entscheidung haben kann, auch wenn ich sie nicht selbst getroffen, sondern nur mitgemacht habe. Dass es einen Punkt gibt, an dem ich nicht mehr zurück kann, sondern im Machtspiel mitspiele. Einen Punkt, an dem ich mich mit dem „unten" einverstanden erkläre, es mir zurechtlege, damit ich damit einigermaßen leben kann. Aber es wird dadurch nicht gut, weil das Unrecht trotzdem bleibt, sogar noch mehr: es kommt ans Licht.

Angesehen

Und sie gebar einen Sohn und er gab ihm den Namen Salomo (2 SAM 12,24).

Mit Salomo braucht sich Batseba nun nicht mehr zu verstecken. Sieger Köder hat diesen Moment der Batseba-Geschichte gemalt. Stolz hält sie Salomo David entgegen, eingehüllt in den Gebetsmantel, die Tora-Rollen in den Händen. Er ist weise und hält die Weisungen Gottes in den Händen. Ein Geschenk Gottes, ein Kind, das ihre Zukunft sichert und sie mit David verbindet. David und Batseba haben die gleiche Farbe des Gewandes, doch „oben" und „unten" haben sich vertauscht. Jetzt ist es Batseba, die nach unten zu David schaut, die das Kind fest hält mit ihren starken Händen, das Kind, nach dem er die Hände ausstreckt. Batseba sichert sich mit Salomo ihr Überleben. Sie hat gelernt, wie es in Machtzentren zu geht und wendet ihr Wissen klug taktierend und erfolgreich an. Mit diesem Kind ist sie angesehen und das bedeutet für sie Leben. Was wäre geschehen, wenn Batseba die Regeln der Macht nicht angenommen hätte? Wenn sie aus dem „oben“ und „unten“ ausgestiegen wäre? Hatte sie eine Wahl? Was hat Batseba empfunden, als sie bemerkte, welche Sicherheit ihr Salomo gewährleistet? Hat sie Lust an der Macht verspürt und ihre Position an der Seite des Königs genossen? Hat sie sich manchmal noch erinnert an ihre eigene Geschichte?

An Batseba wird mir deutlich, wie schnell ich mich in Gegebenheiten hineinbegebe und sie akzeptiere, ja, zu meinem Vorteil benutze. Was nützt es, alten Geschichten hinterher zu träumen und die Realitäten nicht anzuerkennen? Es bleiben Fragen ohne Antwort, weil ich mit manchem nicht einverstanden bin. Weder mit der Davidsgeschichte noch mit der Batseba-Geschichte.

Batseba im Bild von Sieger Köder

Das Bild von Sieger Köder lässt sich umdrehen und schon sind die alten Machtverhältnisse wiederhergestellt. Jetzt hält David Salomo in den Händen und andere Hände schieben David zu den Torarollen hin, als sollte er darauf hingewiesen werden, sich an die Regeln und Gesetze Israels zu halten, auch und gerade weil er König ist. Seine Krone hat die gleiche Farbe wie der Gebetsmantel. Die Weisungen Gottes sind nicht nur Schutz, sie sind auch Zierde des Menschen. Batseba bleibt in jeder Position eng mit Salomo verbunden – das lässt sie sich nicht mehr nehmen: sie ist und bleibt die Mutter Salomos – wie sie im Stammbaum des Matthäusevangeliums ebenfalls bezeichnet wird.

Vielleicht muss man die Geschichte Batsebas von diesem Blickwinkel aus erzählen, den Sieger Köder festgehalten hat: Batseba, die das Kind, das von der Treue zu Gott umhüllt ist und an seinen Weisungen folgt, fest in den Händen hält und David zeigt. Dieses Kind verbindet sie mit David, auch wenn sie von unterschiedlichen Positionen her kommen: Beide mussten spüren, welche Folgen begangenes Unrecht hat. Mit Salomo erfahren beide, dass Gott immer wieder neu mit uns Menschen anfängt. Für Batseba bedeutet Salomo, dass sie in eine Zukunft sehen kann, in der sie nicht nur überleben, sondern leben kann. So hat sie immerhin erreicht, dass sie einen Platz in den Machtzentren der Männer eingeräumt bekommt.

Batseba – eine Frau wie du und ich

Batseba lädt mich ein, mir immer zu verdeutlichen, welche Position ich gerade innehabe. Sie fordert mich auf, mich in Machträume hineinzubegeben und mitzuspielen nach meinen Möglichkeiten. Batseba ist eine realistische Frau, die vermutlich auch Träume hatte, aber lernte, mit den Gegebenheiten zu leben. Sie nimmt in die Hand, was für sie wichtig ist, und bezieht daraus Stärke und Macht. Sie ist es, die die Zukunft in Händen hält, von Gott geschenkt, und deshalb lebt.

BARBARA JANZ-SPAETH

ELISABET

Der Schmerz und das Leuchten

Ein starker Geist, ein großes Herz: so stelle ich sie mir vor. Als eine, die nicht bitter werden wollte, eine, die angesichts unerfüllter großer Hoffnungen ihre Kraft darauf richtete, ein kleines Leben erfüllt zu führen. Das Leben war unfair, aber sie wollte ihm gerecht werden. Irgendwann hatte sie abgeschlossen damit, dass nicht einfach geschehen würde, wovon sie selbstverständlich ausgegangen war. Sie begann, sich damit abzufinden, dass ihr Gott sich ihr anders zeigte, als sie immer geglaubt hatte. Dass der, in dessen Hand ihr Glück lag, diese Hand verschlossen hielt. Sie hatte sich entschlossen, trotzdem bei ihm zu bleiben, dem Ewigen, ihrem Gott, und zu glauben, dass es richtig war, wie es war, auch wenn es sich nicht gut anfühlte. War das Vertrauen?

Ehefrau

Es war so einfach gewesen, als sie jung war. Sie hatte große Erwartungen gehabt, und der Beginn des gemeinsamen Lebens mit Zacharias war gut gewesen. Da war viel Gleichklang zwischen ihr, der Aaronstochter aus priesterlichem Geschlecht, und dem jungen Priester. Sie hatten viel Freude aneinander, dankten und dienten Gott, und wie Zacharias im Tempel würde Elisabet im Haus bei ihren Kindern die Weisung und die Ordnung Gottes halten und weitergeben. Ihre Hoffnung entsprach ihren Voraussetzungen: Ein großes Haus würde sie haben, einen großen Tisch, an dem alle Plätze ringsum besetzt wären, einen geschäftigen, lebendigen Alltag würde sie haben, eine reiche Zukunft, ein Leben, das sich weit verbreitete, in dem sich vervielfältigte, was sie zu geben hatte. Ein großes Leben wartete auf sie. Hatte sie anfangs gedacht.

Kinderlos

Aber dann – die Barmherzigkeit Gottes, *„rachamim“* mit dem Wort der Mütter und Väter, ausgerechnet, weil immer *„rechem“* mitklingt, Mutterleib, wurde ihr fremd. Sie flüchtete sich zu diesem Herz ihres Gottes, auch wenn sie es nicht als schützende, bergende, versorgende Mütterlichkeit erfuhr, auch wenn es sie nicht wachsen ließ, kein neues Leben schenkte. Mutter würde sie nicht mehr werden, das war ihr klar, als die Mitte des Lebens gekommen und wieder gegangen war. Sie hatte alles bis zur Neige erlebt und durchschritten, die Hoffnung, monatlich neu auflebend, die Enttäuschung, immer wieder von neuem niederschmetternd, die Wut, die Bitterkeit, die Sehnsucht, den Neid, den Schmerz, bisweilen auch die Genugtuung, wenn Mütter auch zu leiden hatten… Sie war ihm treu geblieben, ihrem Gott, der sich so verschlossen zeigte. Und es war vielleicht auch ein gewisser Stolz, der sie bewogen hatte, ihn irgendwann nicht mehr um Kinder zu bitten. Sie hat ihre Schande der Kinderlosigkeit aufrecht getragen. Auch Gott ist sie treu geblieben in der Enttäuschung, dass er sie nicht mit Kindern segnete, sie blieb beim Ewigen, der ihr die Verachtung der Menschen nicht ersparte und nicht die Schande, die auch darin bestand, dass alle die Ursache der Kinderlosigkeit bei ihr vermuteten. Immer lag es an der Frau, wenn zwei keine Kinder bekommen konnten.

Elisabet stellt sich der Wirklichkeit, die ihr nicht gefällt, ist entschlossen, sich vom doppelten Unglück von Kinderlosigkeit und Verachtung nicht auch noch in das giftige Leid der Bitterkeit treiben zu lassen. Sie findet Ablenkung und Trost, glaube ich, im Tun des Gerechten. Schließlich weiß sie, wie jeder, was ihr gesagt ist und was Gott von ihr fordert: Gutes tun, Liebe wirksam werden lassen, mitgehen mit dem Ewigen auch in seinen unverständlichen Wegen. Sie liebt ihren Gott durch die Verletzung hindurch. Und das heißt: Kleiner, nicht größer würde sie werden. Sie und Zacharias würden alleine bleiben. Nicht weiterleben in Kindern und Kindeskindern und ihrer Erinnerung. Ihr Gebet ist ihre alltägliche Arbeit, ihr Weinen und manchmal ihr Lachen, ihr Zuhören ist ihr Gebet, wenn eine Nachbarin kommt, eine Verwandte sie besucht. Ihre Müdigkeit ist ihr Gebet. Sie und

Gott, das ist ein Ineinander, so erlebt sie es. Kleiner und noch stiller würde ihr Leben werden. Aber sie sieht auch: Gott könnte in diesem kleiner werdenden Leben größer werden. Sie würde abnehmen, er würde wachsen.

Natürlich litt auch er, Zacharias. Aber er hatte seinen Platz als Priester, seinen wichtigen Tempeldienst, seine Zeiten in Jerusalem – ihn achteten die Menschen. Seine Gottesbeziehung war im Tempel lebendig, in den vorgegebenen, immer gleichen Abläufen. Dass Zacharias noch darum betete, Kinder zu bekommen, wusste sie.

Sie hatte die Schande zu tragen, gerade auch in den Wochen, in denen er weg war, in denen sie alleine zu Hause war. Was das Gebet um Kinder anging: da war Elisabet verstummt, lange ehe der Gottesbote Zacharias die Stummheit verordnete, weil er die angekündigte Erfüllung seines Gebetes nicht fassen und nicht glauben mochte.

Ich sehe Elisabet in den kurzen Worten, die Lukas von ihr berichtet. Ob ich sie auf dem Bild sehe, weiß ich gar nicht. Das heißt, natürlich sehe ich die grauhaarige Frau, die kniet und sich birgt in den Armen der jüngeren Frau, und ich sehe die beiden innig Verbundenen im Schatten der Männer hinter ihnen. Ihre Söhne sind das; auch hier neigt sich der etwas ältere vor dem jüngeren; seine Hand mit dem ausgestreckten Zeigefinger ist deutlicher als sein Gesicht.

Die am Boden und in der unteren Bildhälfte kauernden Frauen, in braunen Farben gemalt – erdverbunden? Ganz irdisch? – und die überlebensgroßen Männer in Blau in der oberen Bildhälfte – dem Himmel näher? geistvoller? –, das ist ein Bild, wie es mir aus der Überlieferung vertraut ist. Johannes und Jesus: Mit ihnen beginnt die Geschichte Gottes mit den Menschen ganz neu, und von den Frauen, ihren Müttern, wird erzählt, weil es um die Männer geht.

Guter Hoffnung: Mutter

Auch bei Lukas, der sie als einziger ausführlicher erwähnt, wird Elisabets Geschichte verdeckt von der dramatischen Schilderung, die er ihrem Mann Zacharias widmet. Von Elisabet schreibt Lukas, dass sie ein gerechtes Leben führt vor Gott, wie Zacharias. Und dann berichtet er, dass sie sich zurückzieht und verbirgt, nachdem Zacharias überwältigt und wortlos mit dieser unglaublichen Nachricht nach Hause gekommen war.

Als die Zeit seines Tempeldienstes um war, kehrte er nach Hause zurück. Nach diesen Tagen empfing seine Frau Elisabet und verhüllte sich fünf Monate lang. Sie sagte: So hat der Herr an mir gehandelt; er hat mich angesehen in diesen Tagen und weggenommen meine Schande unter den Menschen (LK 1,23–25).

Elisabet hat ein langes Leben gelebt, bevor sie die Mutter des Johannes wurde. Und wenn von diesem Leben auch nicht viel gesagt wird, so tritt mir aus den wenigen Worten doch eher eine große Frau entgegen. Ihr Lebenswunsch war nicht in Erfüllung gegangen, aber sie ist lebendig geblieben; sie hat ihre Mütterlichkeit anders leben können, dabei immer auch mit dem Risiko, dass die eigene Lebenswunde wieder verletzt wird. Dass Maria zu ihr eilte, nachdem sie so Verstörendes und Wunderbares erlebt hat, zeigt das nicht Elisabets Mütterlichkeit?

Lukas verdeckt ihre Geschichte mit der ihres Mannes; aber Elisabet verbirgt sich auch selbst, und ihr Gesicht mit seinem Schmerz und seinem Leuchten verschwindet hinter dem Schleier der Verhüllung. Wieso war Schmerz in ihrem Gesicht? Die Schande, von der Elisabet redet, als sie davon befreit ist, hatte wehgetan... Wieso Leuchten? Weil die Gegenwart Gottes sie auf völlig neue Weise ergriffen hat. Weil sie angeschaut wurde vom Ewigen mit einem strahlenden, heilenden, Leben schenkenden Blick. Dieses Angeschautwerden von Gott blendet zunächst vor allem und kann kaum von ihr und schon gar nicht von ihrer Umgebung ausgehalten werden.

Und so zieht Elisabet sich zurück, als die überwältigende Wende kommt. Sie verhüllt sich. Sie kann nicht zeigen, was sie erfüllt. Nicht, dass ihre

Schwangerschaft schon zu sehen gewesen wäre. Aber eben das Leuchten in ihrem Gesicht: strahlend, jung. Die machtvolle Kraft, die ihr Körper ausstrahlt. Das lebensverändernde Neue, was da geschieht, muss erst einmal geschützt werden. Elisabet braucht Zeit, damit zurechtzukommen, dass aus ihr nun eine andere wird. Sie war alt, erschöpft und schon klein geworden; und da fing der Ewige noch etwas ganz Neues an mit ihr und durch sie. Sie war angesehen von Gott und vor den Menschen. Das war so gewaltig – es zu begreifen, brauchte sie Zeit ganz für sich.

Aus diesem Zurückgezogensein hat Maria sie dann geholt, Maria, die Überwältigte, Verwirrte, deren Leben ebenfalls in Unordnung geraten war, Maria, die mütterlichen Beistand brauchte, Zuspruch und Bestätigung, weil sie sich nicht vorstellen konnte, wie alles werden sollte. Maria kam geradezu atemlos nach ihrer eiligen Wanderung an, und der Moment der Begegnung ist der Augenblick, in dem für Elisabet leibhaftig klar wird, was bisher innere Gewissheit war. Die Begegnung der beiden Frauen ist der Moment, in dem das Unglaubliche mit dem Tritt des Ungeborenen spürbar wahr wird. Die zurückhaltende Elisabet wird laut, ihre Stimme groß. Sie ist Prophetin. Sie wird Mutter.

Elisabet – eine Frau wie du und ich

So stelle ich es mir vor. Ich schaue Elisabet an in den Worten des Lukas, und ich schreibe von ihr, was ich sehe. Und da sehe ich: Gerecht zu leben, das geht auch mit enttäuschten Hoffnungen. Gott, den man meinte, zu kennen, auf völlig überraschende Weise zu erfahren, das passiert auch unaufgeregt Frommen. Sich in einer ganz neuen und großen Rolle wiederzufinden und sie erfüllen zu müssen, das können auch die erleben, die sich für alt und verbraucht halten.

GABRIELE HARTLIEB

MARIA VON NAZARET

Unermüdliches Engagement für das Leben

Die biblische Maria

Über keine Frau der Bibel ist so viel nachgedacht und geschrieben worden wie über Maria von Nazaret. Von keiner anderen biblischen Frauengestalt gibt es eine derart überwältigende Wirkungsgeschichte. Aus der Volksfrömmigkeit der gesamten christlichen Welt ist die Mutter Jesu nicht wegzudenken. Die früheste christliche Überlieferung kommt noch ganz ohne sie aus: *Paulus* hält lediglich fest, dass Christus von „einer Frau" (Gal 4,4) geboren wurde. Damit betont er das Menschsein des Gottessohnes, an der Person der Mutter zeigt er kein Interesse.

Im ältesten Evangelium nach *Markus* wird Jesus erstmals im Kreise einer Großfamilie wahrgenommen (Mk 3,31–35). Doch niemand kann vor dem Tod Jesu wirklich an den Gottessohn glauben. Jesus macht unmissverständlich klar, dass unter allen, die ihm nachfolgen wollen, völlig neue Familienverhältnisse entstehen (Mk 3,35). Ein einziges Mal wird die Mutter Jesu namentlich genannt (Mk 6,3), eine eigene Rolle schreibt ihr der Evangelist aber nicht zu.

Das Evangelium nach *Matthäus* zeigt (über die Parallelstellen zu Mk in Mt 12 und 13 hinaus) ein deutliches Interesse an der Herkunft Jesu, die Erfüllung der Verheißung ist ein wichtiges Moment. Maria wird in ihrer heilgeschichtlichen Rolle als Mutter des Messias gewürdigt, tritt aber nicht aktiv auf. Die eigentlich handelnde Figur in der Kindheitsgeschichte ist Josef (Mt 1-2).

Der Evangelist *Lukas* zeichnet ein ausführlicheres Bild von der Mutter Jesu und gibt ihr ein eigenes Profil: Sie ist die erste Glaubende und wird so zum Vorbild für alle Christinnen und Christen. Hier findet sich die Seligpreisung Marias durch Elisabet (Lk 1,45) und durch eine Frau aus dem Volk (Lk 11,27). In der Kindheitsgeschichte des Lukas erscheinen neue Facetten im Marienbild: Maria sagt eindrucksvoll Ja zur unglaublichen Botschaft des Engels (Lk 1,26–38) und wird zur jungen Prophetin, die in der Sprache der Psalmen ein Lied über Gottes Gerechtigkeit singt (Lk 1,46–55). Aber es gibt auch einiges, was sie nicht versteht. Während des öffentlichen Wirkens Jesu spielt Maria keine Rolle mehr, abgesehen von der deutlich abgeschwächten Version der Zurückweisung der Verwandten (Lk 8,19–21). Eine letzte Erwähnung bei Lukas aber findet sich in seiner Apostelgeschichte: Maria gehört zur betenden Gemeinde vor dem Pfingstereignis (Apg 1,14).

Ohne ihren Namen zu nennen, erwähnt das *Johannesevangelium* Maria zweimal in größeren Zusammenhängen: Beim ersten öffentlichen Zeichen Jesus während der Hochzeit zu Kana , ist sie eine wichtige Zeugin (Joh 2,1–12), und unter dem Kreuz ist sie in der Nähe ihres sterbenden Sohnes zu finden (Joh 19,25–27). Mit wenigen Strichen zeichnet auch dieser Evangelist das Bild einer glaubenden und treuen Jüngerin.

Gott setzt auf Maria

Die verschiedenen Marienbilder des Neuen Testamentes machen Mut, auch heute noch von vielen Seiten auf jene Frau zu schauen, die Jesus getragen, geboren und ins Leben begleitet hat, die sein Sterben mit ansehen musste und unter den Jüngerinnen und Jüngern nach Ostern zu finden war. Drei Facetten gibt es in der Geschichte Mariens, die mich faszinieren. Wenn es so ist, dass wir ihr begegnen, um ihren Sohn zu verstehen, dann berührt mich ein Gott, der auf diese Frau setzt: auf ein Mädchen, eine Mutter, eine Menschenfreundin.

Das Mädchen

Maria ist ein junges Mädchen, in dem Moment, in dem wir sie kennenlernen. Sie steht an der Schwelle zum Erwachsenwerden, unscheinbar und unbedeutend, irgendwo am Rande eines riesigen Imperiums. Nichts deutet darauf hin, warum Gott ausgerechnet auf sie kommt. Ihre Geschichte hat gerade erst begonnen. Nur eines ist klar, Maria ist verlobt. Wir wissen nicht, ob sie einverstanden war, glücklich gar, und ob sie zuversichtlich in die Zukunft schaute. Aber wir kennen Josef als einen besonnenen und gottesfürchtigen Mann, der seiner Verlobten nichts Übles will, selbst als er sich von ihr betrogen fühlt.

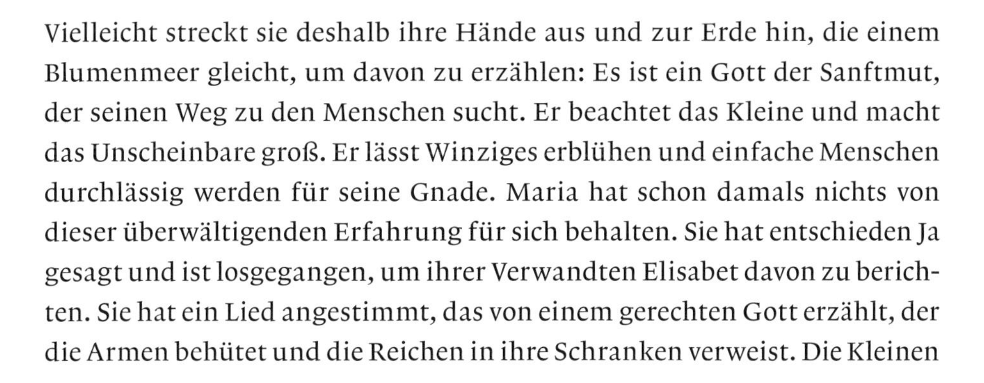

Ich sehe dieses junge Mädchen in der Darstellung Sieger Köders. Dunkelhaarig und versonnen, ein bisschen schüchtern wirkt sie. Auf ihr liegt ein scheuer Glanz. Ob der Besuch des Engels in ihr nach hallt? Das viele Blau deutet darauf hin, dass ihr der Himmel sehr nahe gekommen ist. Es sind die Hände Gottes, die sie behutsam ins Licht tauchen.

Gott hat um das Ja dieser jungen Frau gebeten, er hat es nicht einfach vorausgesetzt. Gott ist vorsichtig und fragend, das erzählt uns die Geschichte der Maria. Erlösung ist zart.

Vielleicht streckt sie deshalb ihre Hände aus und zur Erde hin, die einem Blumenmeer gleicht, um davon zu erzählen: Es ist ein Gott der Sanftmut, der seinen Weg zu den Menschen sucht. Er beachtet das Kleine und macht das Unscheinbare groß. Er lässt Winziges erblühen und einfache Menschen durchlässig werden für seine Gnade. Maria hat schon damals nichts von dieser überwältigenden Erfahrung für sich behalten. Sie hat entschieden Ja gesagt und ist losgegangen, um ihrer Verwandten Elisabet davon zu berichten. Sie hat ein Lied angestimmt, das von einem gerechten Gott erzählt, der die Armen behütet und die Reichen in ihre Schranken verweist. Die Kleinen sind bedeutend in der Gegenwart Gottes. Niemand weiß so sehr mit seiner gesamten Existenz von dieser so gründlich parteiischen Liebe Gottes zu berichten, wie die junge Prophetin des Magnifikat.

Da sagte Maria:
Meine Seele preist die Größe des Herrn,
und mein Geist jubelt über Gott meinen Retter.
Denn auf die Niedrigkeit seiner Magd hat er geschaut.
Siehe von nun an preisen mich selig alle Geschlechter.
Denn der Mächtige hat Großes an mir getan
und sein Name ist heilig.
Er erbarmt sich von Geschlecht zu Geschlecht
über alle, die ihn fürchten.
Er vollbringt mit seinem Arm machtvolle Taten:
Er zerstreut, die im Herzen voll Hochmut sind;
er stürzt die Mächtigen vom Thron
und erhöht die Niedrigen.
Die Hungernden beschenkt er mit seinen Gaben
und lässt die Reichen leer ausgehen.
Er nimmt sich seines Knechtes Israel an
und denkt an sein Erbarmen,
das er unseren Vätern verheißen hat,
Abraham und seinen Nachkommen auf ewig
(LK 1,46–55).

Die Mutter

Das Mädchen ist Mutter geworden – nur wenig später. Mit einem Schlag erwachsen, trägt sie eine große Verantwortung für ihr göttliches Kind. Doch die Muttergeschichte, die Maria mit ihrem Sohn erfährt, wünscht man keiner Frau: den Argwohn im Dorf, die Geburt auf der Durchreise, die beschwerliche Flucht ins Ausland, die Bedrohung durch einen eifersüchtigen und brutalen Herrscher.

Auf dem Bild Sieger Köders ist nichts davon noch zu sehen. Oder doch, gibt es nicht auch dunkle Flächen, Schleier, die wie zerrissen scheinen?

Vielleicht erzählen sie von der Offenbarung, die Maria zuteil wurde, vielleicht erzählen sie aber auch von den dunklen Momenten dieses Mutterlebens. Maria erwartet keine Blumenwiese, sondern ein Dornenwald: Das plötzliche Verschwinden des Zwölfjährigen, seine Absage an Zuhause, seine umstrittene Wanderpredigt. Die Fragen einer Mutter, deren Sohn völlig eigene Wege geht. Und dann das Schlimmste, was überhaupt geschehen kann: der Tod des eigenen Kindes, sein gewaltsames, qualvolles Sterben.

Maria hält Jesus die Treue bis über den Tod hinaus. Man mag sagen, was man will: Nirgendwo ist Liebe so bedingungslos, so ausdauernd, so verwoben mit dem eigenen Leben wie im Herzen einer Mutter. Die Geschichte, die Maria mit ihrem Sohn erfährt, muss von dieser Liebe gelebt haben. An dieser Stelle geht es mir wie Paulus: Weil Jesus eine wirkliche Mutter hatte, kann ich an sein Menschsein glauben. Bei allem Missbrauch der Mütterlichkeit Mariens, ich bin dankbar, dass diese Wirklichkeit, diese Urerfahrung und diese Kraft ihren Platz in der Geschichte Gottes mit den Menschen haben. Gott würdigt und weiß auf seine Weise, diese Form der Liebe zu schätzen. Er hat sie gewählt, um seinen Weg als Menschensohn auf Erden gehen zu können.

Die Menschenfreundin

Maria ist eine Frau, die sich für das Leben engagiert. Aus dem Evangelium erfahren wir, dass sie ein beherztes Ja zum Leben spendenden Gott und zu ihrem göttlichen Kind sagt. Doch es ist vor allem die Tradition, die um diesen lebenspraktischen Sinn der Maria weiß. Es gibt keine unermüdlichere Helferin für Menschen in Not. Das bezeugt das hartnäckige Vertrauen, das alle Zeiten und Generationen in sie gesetzt haben: Sie hat sich für Räuber aufknüpfen lassen und für gefallene Nonnen die Hebamme gegeben. Sie hat Arbeiter und Arbeiterinnen beschützt und in ihrem Protest für gerechte Bedingungen gestärkt. Sie hat gefallene Mädchen unter ihre Fittiche genommen und Flüchtlingen Heimat gegeben. Sie hat ihren Schutzmantel weit gemacht, Päpste haben darunter genauso Platz gefunden wie Hirtenkinder, Widerstandskämpferinnen oder Ordensfrauen. Maria hat, wenn es sein musste, Feuersbrünste in Schach gehalten und wilde Bestien vertrieben. Auch wenn es um ihre Gestalt Missbrauch gab und gibt, auch wenn Weihrauchschwaden bisweilen den Blick verstellen, auch wenn man unaufhörlich versucht, sie auf einem Himmelsthron fest und ihr reines Herz von allem fern zu halten: Maria ist und bleibt eine bedingungslose Menschenfreundin, die zupackt und hilft und dem Leben beisteht.

Deshalb mag ich ihre Hände auf dem Bild von Sieger Köder ganz besonders. Sie sind offen und stark und, wenn man so will, auch erdig. Sie kennen das Leben. Oben sehen wir Gottes Hände, die über allem sind, Licht bringen und ins Leben rufen. Sie korrespondieren mit den Menschenhänden Marias.

Heißt es nicht: „Gott hat keine anderen Hände als die unseren"? Maria war eine der ersten, die das begriffen hat. Wir haben entscheidenden Anteil daran, dass das Leben, welches Gott für uns will, auch wirklich blühen kann. Immer und immer wieder wirbt Gott um unser Ja und unsere Tatkraft. Maria hat bis heute nicht aufgehört, das ernst zu nehmen.

Maria – eine Frau wie du und ich

Bei aller Vielschichtigkeit der Marienbilder, für mich bleibt eines Wahrheit: Maria hat sich unermüdlich für das Leben engagiert. Sie hat Ja zu Gott und ihrem Kind gesagt. Sie hat laut von seiner Menschenfreundlichkeit und seiner Gerechtigkeit gesungen. Sie hat geglaubt und ihrem Sohn über alle Schwierigkeiten und den Tod hinaus die Treue gehalten. Wann immer Menschen Vertrauen in sie setzen, setzt sie sich ein. Sie ist eine Frau, die das Leben kennt und es wieder und wieder vor Gott bringen mag.

MARTINA KREIDLER-KOS

DIE EHEBRECHERIN

zwischen Recht und Barmherzigkeit

Jesus lehrt im Tempel, als die Pharisäer und Schriftgelehrten eine Frau zu ihm bringen. Sie ist beim Ehebruch ertappt worden und soll nun, nach dem Gesetz des Mose, gesteinigt werden. Die Schriftgelehrten fragen Jesus nach seiner Meinung, womit sie ihn auf die Probe stellen wollen. Denn sie suchen nach einem Grund, ihn als Gesetzesbrecher und Irrlehrer anzuklagen. Jesus reagiert mit einer ‚paradoxen Intervention': Er bückt sich, schreibt auf die Erde und wartet. Als sie hartnäckig weiterfragen, sagt er: „Wer von euch ohne Sünde ist, werfe als erster einen Stein auf sie." Daraufhin löst sich die Menge nach und nach auf.

Jesus blieb allein zurück mit der Frau, die noch in der Mitte stand. Er richtete sich auf und sagte zu ihr: „Frau, wo sind sie geblieben? Hat dich keiner verurteilt?" Sie antwortete: „Keiner, Herr." Da sagte Jesus zu ihr: „Auch ich verurteile dich nicht. Geh und sündige von jetzt an nicht mehr!" (JOH 8,2–11)

Die kurze Erzählung von der namenlosen Ehebrecherin ist im Neuen Testament einzigartig. Sie findet sich nur im Johannesevangelium, und ist dort auch nur in späten Handschriften überliefert. Dennoch wird vermutet, dass es sich bei der Erzählung um eine sehr alte und authentische Überlieferung handelt. Von der Sprache und der theologischen Botschaft her passt sie sehr genau in die Tradition der Evangelien.

Ehebruch in Gedanken, Worten und Taten

Die Geschichte, bei der es um den Zusammenhang zwischen Recht, Gerechtigkeit und göttlicher Barmherzigkeit geht, wirft einen Blick auf ein schon

in der Antike delikates Thema. Der Ehebruch wurde in allen Kulturen des Mittelmeerraumes als schweres Verbrechen angesehen. Er betraf Männer und Frauen jedoch in unterschiedlicher Weise. Während es für einen Ehemann nur verboten war, die Frau eines anderen zu verführen, er aber mit Prostituierten und ‚freien' Frauen verkehren konnte wie er wollte, durfte die verheiratete Frau nicht einmal mit fremden Männern sprechen, ohne sich gleich verdächtig zu machen. Ja nicht einmal „ihr Auge und ihr Herz auf einen anderen hinlenken". Diese radikale Ansicht hat an anderer Stelle ebenfalls Eingang in das Neue Testament gefunden. In der Bergpredigt sagt Jesus: „Ihr habt gehört, dass gesagt worden ist: Du sollst nicht die Ehe brechen. Ich aber sage euch: Wer eine Frau auch nur lüstern ansieht, hat in seinem Herzen schon Ehebruch mit ihr begangen." (Mt 5,27-30) Hier ist es der Mann, der zur Selbstbeherrschung aufgerufen wird. Gleichzeitig wird die Vorstellung formuliert, dass Ehebruch mehr ist als nur außerehelicher Geschlechtsverkehr und schon viel früher – bereits im Herzen, in der Abwendung vom eigenen Partner – beginnt.

Was tut Jesus?

Für die Lehre Jesu ist diese radikale Ethik nicht ungewöhnlich. Umso mehr erstaunt die geradezu anstößig laxe Haltung, mit der er der Ehebrecherin begegnet. Müsste er ihre Tat – immerhin wurde sie ‚in flagranti' erwischt – nicht ebenso streng verurteilen? Müsste er bei ihr nicht die gängige Rechtspraxis anwenden? Müsste er nicht die von den Pharisäern geforderten Sanktionen durchführen?

Nichts dergleichen tut Jesus. Er spricht keine Strafe aus, aber er bleibt dabei: was sie getan hat ist Unrecht, ist Sünde. Ihr Ehebruch ist weder harmlos noch unbedeutend. Dennoch stellt sich Jesus schützend vor die Frau, die hier die volle Wucht der moralischen Verurteilung trifft. Jesus, der auch an vielen anderen Stellen in den Evangelien als Freund der Frauen – und besonders der Sünderinnen – auftritt, verweigert sich der patriarchalen Doppelmoral und dem ungerechten Urteil. Die Frau steht bis zuletzt, als sie mit Jesus alleine ist, schweigend in der Mitte. In der Geschichte der Bibelauslegung wurde lange Zeit darüber spekuliert, was genau Jesus auf die Erde schrieb und welche Bedeutung diese Handlung haben könnte.

Sieger Köder deutet in seinem Bild eine Antwort an, indem er drei hebräische Buchstaben darstellt, die im Vordergrund in den Sand geschrieben werden: Shin, Lamech und Waw oder Jot. Diese Buchstaben können das Wort Schalom bilden, das Frieden bedeutet, aber auch mit Wohlbefinden, Heilsein oder Unversehrtheit übersetzt werden kann. Sie können aber auch die Grundlage des Wortes Sche'li – Ruhe oder Stille – bilden, und wären dann eine nonverbale Aufforderung Jesu, Schweigen einkehren zu lassen. Im Hintergrund des Bildes erkennen wir unterschiedliche Reaktionen der Anwesenden. Sie diskutieren, sind erschüttert oder tuscheln hinter vorgehaltener Hand. Eine Person hält sogar einen Stein zum Wurf bereit. Die Frau in der Mitte ist jedoch völlig auf Jesus konzentriert. Sie hält ihr Tuch wie einen schützenden Umhang, der sie vor der bedrohlichen Menschenmenge abschirmt. Das Bild ist in schwarz-weiß Schraffuren gehalten, was ein Hinweis auf die moralische Bedeutung der Erzählung sein könnte. Die Frau befindet sich in einer Situation, in der die Menschen nur eindeutige Urteile – schuldig oder unschuldig, richtig oder falsch – kennen. Jesus, dessen Hand einen hellen Kontrast zur dunklen Gruppe im Hintergrund bildet, weist mit seinem Finger nicht – anklagend – auf die Frau, sondern an ihr vorbei, auf den Boden.

Was die Menschen in der Erzählung von ihrem Vorhaben abhält, ist nicht das Schreiben auf die Erde, sondern der Appell an das Gewissen der Beteiligten:

„Wer ohne Sünde ist, werfe den ersten Stein". Das hält den Selbstgerechten ihre eigene Fehlerhaftigkeit vor Augen und verhindert die Lynchjustiz. Wie an vielen anderen Stellen in den Evangelien ist es Jesu Ausstrahlung, seine Aussage, die Wirkung entfaltet, sowie sein praktisches Handeln, das die Botschaft von der göttlichen Barmherzigkeit in der Welt vermittelt.

Und was tut die Frau jetzt?

Der Blick, den Sieger Köder in seinem Bild der Frau verleiht, schwankt zwischen Hoffnung und Bangen. Von Jesu Urteil hängt ihr Schicksal ab. Doch seine eindeutige Aussage erfolgt erst, nachdem sich die Menschenmenge aufgelöst hat. Jesus bringt so nicht nur die Frau aus der ‚Gefahrenzone', sondern auch sich selbst. Denn der Plan der Schriftgelehrten, ihm eine Falle zu stellen, ist so vereitelt. Jesus sagt zuletzt: „Auch ich verurteile dich nicht. Geh und sündige von jetzt an nicht mehr!" Der Frau ist ihre Schuld erlassen, was aber zugleich mit der Aufforderung verbunden ist, in Zukunft ein anderes Leben zu führen. Wie könnte ein solches Leben aussehen, wo die Frau doch aller Wahrscheinlichkeit nach nicht zu ihrem Ehemann zurückkehren kann und auch von den Menschen in ihrer Umgebung nur das Schlimmste befürchten muss? Oft wird vermutet, dass sie sich der Gruppe um Jesus angeschlossen hat und ihm als Jüngerin nachgefolgt ist.

Das Johannesevangelium lässt die Frage nach dem Verbleib der Frau offen. Für die theologische Botschaft der Erzählung ist sie jedoch nicht unwichtig. Jesus tritt als Advokat der SünderInnen auf, der schon *vor* ihrer Umkehr und Buße auf ihrer Seite steht. Sein Urteil erfolgt aus der Vollmacht göttlicher Barmherzigkeit, die sich den Menschen liebevoll zuwendet und auch schwerste Verfehlungen vergibt – ein ‚Skandal' angesichts der Tatsache, dass der Ehebruch auch in den frühen christlichen Gemeinden als schweres Verbrechen galt und zum Ausschluss aus der Gemeinschaft führte. Die Erzählung widersprach den rigoristischen Ansichten der ersten Christen. Sie ist aber auch heute noch eine Anfrage an unseren Umgang mit Menschen, die sich schuldig gemacht haben. Nicht umsonst ist der Spruch, „Wer ohne Sünde ist, werfe den ersten Stein", zu einem geflügelten Wort geworden.

Was mir die Geschichte von der Ehebrecherin heute bedeutet

Frauen, die sich in Untreue und Dreiecksbeziehungen verstricken, erleben nicht selten die Erfahrung von Schuld und Unrecht sehr dramatisch – zum einen in der Schuldzuschreibung von außen, sie seien eine Zerstörerin von Beziehungen, zum anderen in der persönlichen Gewissensbelastung, den eigenen Partner verletzt, ein gegebenes Versprechen gebrochen oder die eigenen Ideale verraten zu haben. Beides kann sehr belasten. So sehr, dass das eigene Leben unerträglich wird. Die Erzählung von der Ehebrecherin regt dazu an, sich nicht der Perspektivlosigkeit, den Anklagen und den Selbstzweifeln hinzugeben. Statt dessen fordert sie auf: schaue ehrlich auf dich selbst, deine Fehler und Schwächen. Lass dich nicht verurteilen, aber erkenne auch das gerechte Urteil an – dort, wo wirklich Unrecht geschehen ist, persönliche Verantwortung übernommen werden muss. Gott sieht die Schuld, aber er belässt es nicht dabei. Sein Urteil erniedrigt nicht und ist nicht endgültig. Es befreit vielmehr zu einem neuen, besseren Handeln: Geh, steh auf, ändere dein Leben! Habe den Mut, deine Fehler zu erkennen und neue Wege zu beschreiten! So kann Hoffnung aufkeimen und ein Leben in Aufrichtigkeit und Freiheit möglich werden.

Die Ehebrecherin – eine Frau wie du und ich

Lass dich nicht von Schuldzuweisungen und äußeren Anklagen zerstören.
Schaue ehrlich auf deine Fehler.
Höre auf die Stimme des Gewissens – was sagt dein Herz?
Gott spricht zu dir und kennt deine Schwächen, aber er verurteilt dich nicht.
Er schaut dich an und gibt dir den Mut, dich wieder neu aufzurichten.
Wenn sich das Leben ändern soll – wie soll es sich ändern?
Wie sieht Umkehr aus?

VANESSA GÖRTZ-MEINERS

DIE SAMARITANERIN

und der Lebensdurst nach lebendigem Wasser

Jesus und wir treffen die namenlose samaritanische Frau nur ein einziges Mal in den biblischen Schriften, im Johannesevangelium 4,3–42. Aber die Frau beeindruckt! In der Begegnung mit Jesus geht sie in die Tiefe – in die Tiefe alter Glaubenskonflikte zwischen der jüdischen und der samaritanischen Gemeinschaft und in die Tiefe des eigenen Lebensdurstes. Sie legt uns Fußspuren zum Brunnen, gehen müssen wir selbst. So will es auch das Johannesevangelium: Jede Generation soll selbst erfahren und bezeugen, dass Jesus das Mensch gewordene Ebenbild Gottes, der göttliche Logos ist.

Biblische Spuren einer starken Frau

Die Frau am Jakobsbrunnen ist eine biblische Zeugin für die ehemals starke Position von Frauen in den johanneischen Gemeinden: Sie waren Gemeindeleiterinnen, haben gepredigt und missioniert – zum Beispiel in den samaritanischen Gemeinden! Damit die samaritanische Frau aber zur Theologin, Jüngerin und Missionarin werden kann, müssen viele Grenzen überschritten werden – zunächst konkret die geografische: Jesus nimmt den kürzesten Weg von Judäa nach Galiläa, durch Samaria, in quasi feindseliges Gebiet. Dort, in der Mitte des Wegs, in Sychar (dem heutigen Nablus) begegnet er der Samaritanerin. Ihr Glaubensbekenntnis und ihre Berufung bilden die Mitte des Johannesevangeliums. Die beiden überwinden auch konventionelle Geschlechtergrenzen, denn diese gelten nicht für den Messias. Sie überwinden religiöse und kultische Grenzen, denn die Menschen in Samaria, mit einem eigenen Tempel auf dem Berg Garezim und eigenen Formen von Kult und Anbetung, haben einen lang zurückreichenden Konflikt mit

den religiösen Autoritäten in Jerusalem. Trotzdem werden Samaritaner bis Ende des 1. Jahrhunderts n. Chr. der israelitisch-jüdischen Religion zugerechnet. Die Samaritaner betrachten alleine die Tora, also die fünf Bücher Mose als Autorität, während in den anderen Regionen Israels im Südreich auch die prophetischen Schriften an Autorität gewannen. In dieser Zeit der Feindlichkeiten zwischen beiden Gemeinschaften hilft die Begegnung am Ort der *gemeinsamen Wurzeln*: Der Brunnenstifter und Stammvater Jakob wird in beiden Gemeinschaften gleichermaßen verehrt. Der Ort der geteilten Geschichte eröffnet so auch eine *gemeinsame Zukunft*. Hier diskutiert die Samaritanerin mit Jesus die theologische Frage nach dem richtigen Ort der Anbetung. Jesus antwortet mit einem neuen Zeithorizont: Es kommt die Zeit und sie ist jetzt schon da, in der sich für beide Konfliktparteien eine neue, verbindende Perspektive eröffnet, denn Gott wünscht sich Menschen, die ihn in „Geistkraft und Wahrheit" anbeten. Hier reflektiert das Johannesevangelium nicht nur, dass die Tempel beider Gemeinschaften bereits zerstört sind, die Antwort von Jesus verbindet auch das Glaubensgut der Samaritaner, die Tora, mit den von der Jerusalemer Autorität zusätzlich als Glaubensquellen anerkannten prophetischen Schriften. Aus der Fülle der gesamten Überlieferungen speist sich der richtige „Gottesdienst". „Geist und Wahrheit" sind Wirkweisen der Tora *und* der Propheten. Die Samaritanerin erkennt in Jesus Geistkraft und Wahrheit und auch wenn ihrer Glaubensgemeinschaft eine Messiaserwartung fremd ist, versteht sie die Botschaft von Jesus als eine messianische: Wer den existentiellen Durst durch die Alltagssituation hindurch wahrnehmen und Wasser ewigen Lebens schenken kann, wer verfeindeten Gruppen eine gemeinsame Zukunftsperspektive eröffnen kann, der muss der Messias für *alle* Menschen sein!

Von der Alltagswirklichkeit zur Glaubenswirklichkeit

Die Frau kommt zum Brunnen, weil sie Wasser braucht, vielleicht für ihre Feldarbeit, ihr Handwerk oder sie verdient ihren Lebensunterhalt mit dem Verkauf von Wasser. Wasser holen ist harte Arbeit, ein Synonym für Zwänge und Nöte. Entsprechend wünscht sich die Samaritanerin einen Lebenssinn, der über das bloße Überleben hinausgeht. Ihre tiefe Sehnsucht kann aufsteigen, weil sie von Jesus in ihrer ureigenen Bedürftigkeit gesehen wird. Im Hebräischen sind die Worte „Quelle“ und „Auge“ gleich: „*ajin*“. Das Wasser eines Brunnens ist wie ein Spiegel, ein Auge der Erde. In diesem Auge spiegeln sich Menschen und fühlen sich gesehen. So, wie die Samaritanerin Jesus und seine Wahrheit immer mehr und immer tiefer erkennt –Rabbi, Prophet, Messias – wird auch sie immer tiefer von ihm erkannt, in ihrem Durst *und* ihren Gaben. Sie ist eine Frau, die die Wahrheit sucht und sie begeisternd weitergeben kann. Auch „Durst“ und „Wasser“ wird in immer tieferen Bedeutungsschichten erlebt: Wenn mit „Durst“ die Sehnsucht nach einem erfülltem Leben in Gottes Nähe gemeint ist, sagt uns Jesus mit dem Geschenk lebendigen Wassers die Erfüllung dieser Sehnsucht zu. Als die Samaritanerin Jesus jedoch um dieses lebendige Wasser bittet, enttäuscht seine Antwort: „Geh, ruf deinen Mann und komm wieder hierher.“ Der Themenwechsel wirkt abweisend, doch die Samaritanerin lässt sich nicht abschrecken und erzählt von ihrer Lebenssituation: fünf Männer hatte sie und mit dem sechsten lebt sie unverheiratet zusammen – nicht aus eigener Wahl, denn diese Möglichkeit hatten Frauen nicht. Es kann gut sein, dass sie wegen der Leviratsehe fünfmal verheiratet wurde und jetzt von einem Mann ausgenutzt wird, der ihr den legalen Status der Ehefrau verweigert. Jesus spricht also nicht zu einer Frau, die gesündigt hat, sondern zu einer Frau, gegen die gesündigt wird! Jesus kann ihre Lebensrealität wahrnehmen. Und bei der Samaritanerin wächst die Jesus-Erkenntnis zum Jesus-Bekenntnis. In ihrer gegenseitigen Wahrheitsschau wird die Samaritanerin schließlich zur Verkünderin des Messias. Und wie andere bei ihrer Berufung (Joh 1,35–51) lässt auch die neue Missionarin ein Symbol ihrer bisherigen Existenz, den Krug, zurück.

Die Frau sagte zu Jesus: Ich weiß, dass der Messias kommt, das ist: der Gesalbte (Christus). Wenn er kommt, wird er uns alles verkünden. Da sagte Jesus zu ihr, ich bin es, der mit Dir spricht. ... Da ließ die Frau ihren Wasserkrug stehen, eilte in den Ort und sagte zu den Leuten: Kommt her, seht, da ist ein Mann, der mir alles gesagt hat, was ich getan habe: Ist er vielleicht der Messias? ... Viele aus dem samaritanischen Dorf kamen zum Glauben an Jesus auf das Wort der Frau hin, die bezeugt hatte, er hat mir alles gesagt, was ich getan habe (JOH 4,25.28.39).

Ich sehe die Frau am Jakobsbrunnen

Diese biblische Frauengestalt wird mir mit jeder Begegnung vertrauter und wertvoller. Jüngst habe ich sie beim Weltgebetstag wieder getroffen: Immer am ersten Freitag im März werden weltweit ökumenische Gottesdienste gefeiert – auf Grundlage einer verbindlich-verbindenden Liturgie, die jedes Jahr Frauen eines anderen Landes entwickeln. Für den Weltgebetstag 2014 haben ägyptische Frauen Joh 4,3ff. als Lesungstext ausgewählt. Viele Frauen haben sich aus diesem Anlass mit der Samaritanerin am Jakobsbrunnen getroffen, oft und gerne auch mit Hilfe des entsprechenden Bildes von Sieger Köder. Diese gemalte Verkündigung lockt uns auf die Spur unseres eigenen Durstes.

Wir möchten uns neben die Frau stellen. Beim Blick in den Brunnen würden wir hoffen, uns in der Tiefe unserer Sehnsucht nach gelingendem Leben nicht zu verlieren, sondern im Gegenteil mit allem, was uns ausmacht „gesehen" und begleitet zu werden. Hier lädt das Bild von Sieger Köder dazu ein, die Perspektive zu ändern, denn wenn wir es umdrehen, sehen wir besser, wie Mensch und Gott, Samaritanerin und Jesus einander anschauen. Ihr Blick aufeinander überwindet eine hell gemalte Stelle zwischen ihnen, die wie eine feine Grenze wirkt. Von Jesus, dem Messias im Auge behalten, kann die Samaritanerin ihre bisherige Wirklichkeit auf den Kopf stellen: Gottes Licht erreicht sie auch in den Tiefen des Lebens. Gottes himmlisches Auge umfasst sie, schenkt Helligkeit, Klarheit, Weite und Halt. Ich stelle mir vor, dass dieses Bild

von Sieger Köder den Moment der Begegnung beschreibt: der Begegnung mit mir selbst, mit dem göttlichen Segen, der auf mir ruht und mit meiner Berufung. Es ist ein Bild, in das ich eintauchen kann, das mich aber auch wieder freigeben will. Der Blick in die Tiefe braucht auch den weiten Horizont. Eine intensive Begegnungserfahrung mag mit anderen geteilt werden. Meine Berufung, unsere Berufungen wollen gelebt werden. Und dazu müssen wir, wie die Samaritanerin auch, verändert vom Brunnen weggehen und das zurücklassen, was wir nicht mehr brauchen!

In meinem Alltag drehe ich den Wasserhahn auf, wenn ich durstig bin. Aber die Sehnsucht, dass mich Gott sieht und liebevoll annimmt, wie ich bin, kenne ich auch. Lebendiges Wasser sind für mich vor allem tragfähige, ehrliche Beziehungen, in denen wir uns gegenseitig darin unterstützen, immer mehr zu dem Mensch zu werden, den Gott in uns sehen kann. In meinem Alltag erlebe ich aber auch immer wieder, dass vor allem Frauen daran gehindert werden, ihre Berufungen zu leben. Deshalb verteidige ich die Würde der samaritanischen Frau gegen moralisierende Deutungen und bestehe darauf, dass Jesus sie zu seiner Jüngerin berufen hat. So lebe ich wenigstens einen Teil *meiner* Berufung als feministische Theologin: das reiche Erbe biblischer Frauengestalten sichtbar machen, weil sie Begleiterinnen auf unseren Lebens- und Glaubenswegen sein können.

Die Samaritanerin – eine Frau wie du und ich

Sei also aufmerksam auf die Gelegenheiten, Gott ganz nahe zu kommen.
Freue dich auf deine „Brunnenzeiten".
Sei mutig, wenn es darum geht, heute Grenzen zu überwinden, die das Leben einengen und verhindern. Freue dich an Begegnungen, die daraus entstehen.
Sei echt in deinen Sorgen und Sehnsüchten, Stärken und Schwächen.
Freue dich, denn Gott ist dir, so wie du bist, allzeit treu!

PETRA HEILIG

DIE WEINENDEN FRAUEN AM KREUZWEG

und die Größe, da zu bleiben

Sie haben keinen Namen, die weinenden Frauen am Kreuzweg. Keine erwähnenswerte Geschichte. Ihre Herkunft? Unbekannt! So verfährt mit ihnen zumindest der einzige Text der vier Evangelien, der von ihnen spricht, das Evangelium nach Lukas. Eine große Menschenmenge folgt Jesus auf seinem Weg zur Hinrichtung, „darunter auch Frauen, die um ihn klagten und weinten“. Das ist alles. Immerhin, sie sind da. Vielleicht reicht das ja schon. Dass sie da sind. Nicht wegbleiben, sich nicht schonen. Hinsehen. Das Quälen sehen und es aushalten wollen. Es sich zutrauen, dass sie es aushalten. Sie klagen, sie weinen. Geben sich zu erkennen. Auch das. Sie gehören dazu. Sie gehören zu jenem, den man töten wird. Der ein todeswürdiges Verbrechen begangen hat. Ganz harmlos kann das nicht gewesen sein, dieses Klagen, dieses Weinen. Nichts weniger als ein Bekenntnis.

Das Ganze hätte auch anderes erzählt werden können. Dass sie da sind und zuschauen, dass sie lauthals schreien, applaudierend, dass sie dabei sind, wenn es darum geht, das Vernichten zu verlangen: „Kreuzigt ihn“, da werden auch Frauen mitgeschrien haben.

Es gibt sie, diese Bilder, wir kennen sie, auch von Frauen. Klagen und weinen – das tun sie oft, das tun sie meist. Aber sie können auch anders.

Wer sie sind, diese Frauen, wir wissen es nicht. Erst unter dem Kreuz, später auch am leeren Grab, tauchen sie wieder auf.

... auch viele Frauen waren dort und sahen von weitem zu; sie waren Jesus seit der Zeit in Galiläa nachgefolgt und hatten ihm gedient. Zu ihnen gehörten Maria aus Magdala, Maria, die Mutter des Jakobus und des Josef, und die Mutter der Söhne des Zebedäus (MT 27,55F).

Auch bei Lukas sind sie hier wieder versammelt: „Alle seine Bekannten standen in einiger Entfernung (zum Kreuz), auch die Frauen, die ihm seit seiner Zeit in Galiläa nachgefolgt waren und alles mit ansahen."

Sind es dieselben Frauen? Die man, zumindest bei Matthäus, hier, beim Kreuz, mit Namen kennt? Seine Jüngerinnen, Freundinnen, Gönnerinnen? Erste Zeuginnen der Auferstehung, was sie zu Apostelinnen macht? Eine Tatsache, die die christliche Überlieferung überging.

Die Frage sei erlaubt: Was wird uns erzählt, indem man es uns nicht erzählt?

Dass die weinenden und klagenden Frauen nicht so wichtig waren, aber immerhin wichtig genug, dass man sie erwähnte?

Oder dass es jene Frauen waren, die bekannt und für Jesus und seine Bewegung von großer Bedeutung waren, die – anders als die 12 Apostel und Jünger – nicht flüchteten, in Jerusalem blieben, bei der Kreuzigung nicht fehlten, das leere Grab vorfanden und es bezeugten? Etwas, das man später nicht mehr gerne erzählte und lieber herunterspielte. Die Tatsache nämlich, dass von den Jüngern nichts mehr zu sehen war. Sie Jesus nicht begleiteten auf dem Weg zu seinem fürchterlichen Tod.

Als Schlafende kennen sie die Erzählungen vom Weg Jesu zum Kreuz. Und später als Feiglinge, zumindest den einen, der mit Namen erwähnt wird, Petrus, jener Fels, auf den man später die Kirche baute.

Und die Frauen, die da blieben? Keine Felsen? Nichts, worauf sich bauen ließ?

Sie waren da. Und mussten sie hören, die beängstigende Botschaft:

Jesus wandte sich zu ihnen und sagte: Ihr Frauen von Jerusalem,
weint nicht über mich; weint über euch und eure Kinder! Denn es kommen Tage,
da wird man sagen: Wohl den Frauen, die unfruchtbar sind, die nicht geboren
und nicht gestillt haben (LK 23,28F).

Der große Schrecken steht noch aus, jene Katastrophe apokalyptischen Ausmaßes, mit der in jenen Zeiten viele rechnen. Und die wahrscheinlich die meisten, wie zu jeder Zeit, dennoch nicht für möglich halten.

Die Frauen werden es – es ist anzunehmen – nicht gehört haben. Nicht im Schmerz, der nahe ist, und dem einen Mann gilt, den man töten wird. Die Zukunft ist „später“.

Verschwiegen werden

Die weinenden Frauen am Kreuzweg – der biblische Text identifiziert sie nicht. Anonym bleiben sie in der großen Menge. Aber sie sind da. Aus diesem kleinen bisschen Nichts kann vieles werden. Feine Fäden gibt es zu vielen Geschichten, Geschichten vom Bedeutungsverlust von Frauen, zu Frauen als wichtigen und geschichtsprägenden Persönlichkeiten, zu Frauen als Gefangene scheinbar geschlechtstypischer Verhaltensmuster.

Frauen und ihre verlorene Bedeutung? Eine Geschichte, die wir kennen. Frauen, die aus der Geschichte wegretuschiert werden, deren Handlungen man verschweigt, deren Bedeutung man leugnet. Frauen spielten in der Nachfolgegemeinschaft Jesu nachweislich eine große Rolle. Ganz eliminieren konnte man sie nicht. Restbestände sind erkennbar. Namen, die auftauchen, Begriffe die auf ihre bedeutende Rollen und ihre Ämter in den Gemeinden hinweisen und ihnen eine andere Stellung in der entstehenden Kirche möglich gemacht hätten ... – wenn sich nicht die patriarchale Lesart durchgesetzt hätte, wenn man Frauen nicht schnellstens wieder ihre Freiräume genommen und die Nachfolgegemeinschaft von Gleichgestellten in die alten Schläuche patriarchaler Geschlechterverhältnisse gepresst hätte.

Wir kennen solche Verliererinnengeschichten inzwischen zur Genüge, sie sind Frauenerbe, aber ein Erbe, das kaum Gewinn bringt. Wir sollten es kennen und dann weglegen. Nur das, was weiterhilft, in den eigenen Händen behalten und es handhaben zu besserem Gelingen. Dazu gehört Wissen und dazu gehört Respekt vor jenen, die vor uns versuchten, in der

Welt nach dem Rechten zu sehen. Die dafür kämpften. Und dem Scheitern einen offenen Horizont abtrotzten. „Was sucht ihr den Lebenden bei den Toten?“ Sie verstanden es, weil es in ihrem Leben notwendig war.

Sie waren da. Sie hielten dem Grauen stand. Sie glaubten, dass nicht alles zu Ende ist. Trotz des Toten, den sie in den Armen hielten und begruben.

Sie standen am Anfang von etwas Neuem. Schufen eine Verbindung zwischen Niederlage und Neubeginn. Sie gingen zurück nach Galiläa und setzten das Begonnene fort. Nicht alles ist verloren, solange der Wille, die Welt anders zu begreifen, nicht verloren ist.

Dulden

Es gibt auch einen anderen Faden, den Geduldsfaden, der die Bemerkung „darunter auch Frauen“ weiterführt, entlang jener Geschichten, die vom Hinnehmen erzählen statt vom Dazwischenfahren. Von dieser „Tugend“ der Frauen, die man „Aushalten, Ertragen“ nennt. Es ist eine Fähigkeit. Etwas anderes zu sagen verbietet der Respekt vor der Kraft, die im Ertragen steckt und vom Überleben können, das sich darin als Lebensklugheit zeigt. Trotzdem ist es keine Tugend. Und es ist eine elende Sache, nur zu weinen, nur zu klagen und den Mördern nicht in den Arm zu fallen. Es nicht fertig zu bringen, aus den verschiedensten Gründen: Feigheit, Angst, Rücksichtnahme auf und Verantwortung für andere.

„Darunter auch Frauen, die klagten und weinten“. Die unangenehme Lesart: darunter auch Frauen, gewohnt zuzuschauen und hinzunehmen, ihre Lieben ziehen zu lassen und sie als Tote abzuholen. Sie herzurichten und zu begraben. Zu weinen. Aber nachher. Zu klagen. Aber nachher. Statt vorher zu schreien, anzuklagen und die Folterer und Mörder zu hindern an ihrem Tun.

Die immerwährenden Mater dolorosas, die Mütter auf allen Plätzen der Welt, mit den Fotos ihrer Toten.

Widerstehen

Mehr Pussy Riots wünschte ich mir. Mehr Wut und heftigeres Klagen über all das, was seinen ungerechten Gang geht. Mehr große Töne und große Gesten. Aber nicht im Leiden, sondern im Widerstehen.

Nutzlos auch das. Gefährlich. Der Preis ist hoch. Von niemandem einzufordern. Trotzdem, es bleibt der Wunsch nach einer anderen Erzählung: „darunter auch viele Frauen, die sich schreiend näherten, sich auf die Soldaten stürzten, sie wegzureißen versuchten, die dem Verurteilten das Kreuz abnahmen und es in Stücke hieben".

Große Töne, die die Todesfurcht, den physischen Schmerz, die Einsamkeit des Sterbens inmitten der Gaffer nicht verleugnen. Große Gesten, die dem großen Unrecht einen Namen geben und jenen, die es begehen. Und Menschen, die dafür hinstehen und den Preis zahlen.

Im Kampf gegen das Unrecht braucht es nicht Selbstheroisierung, sondern Analyse und Phantasie. Und Mut. Und die Bereitschaft, zu ertragen. Aber nicht das Unrecht, sondern die Folgen des Aufbegehrens dagegen.

Die Frauen am Kreuzweg – Frauen wie du und ich

„Ihr Frauen von Jerusalem, weint nicht über mich: weint über euch und eure Kinder!" Ich lege diesen Satz dazu: Wenn ihr eure Augen nicht braucht, um zu sehen, werdet ihr sie brauchen, um zu weinen.
Besser ist hinschauen, Unrecht erkennen und das Rechte tun, es versuchen zu tun, statt klagen und warten auf eine Antwort, die wahrscheinlich nicht kommt. Die Kämpferinnen studieren statt die Dulderinnen. Beides ist schwer. Das Kämpfen und das Ertragen. Beides kostet Kraft. Aber das zweite können viele bereits viel zu gut.

SILVIA STRAHM

Die weinenden Frauen am Kreuzweg im Bild von Sieger Köder

Links im Bild nimmt eine Frau ihre Kinder mit Judenstern in Schutz, rechts trägt eine Palästinenserin ihr hungerndes Kind. Ein japanisches Kind schreit unter dem Atombombenschirm von Hiroshima. Eine Afrikanerin hält ihren Säugling im Arm.

In der Welt vor dem Stacheldraht schwindet immer mehr das Licht. „Weint über euch und eure Kinder.“ Erwartungsvolle Blicke von Juden, Buddhisten, Muslimen zu dem Menschen im roten Gewand, der den schweren Balken trägt. Jesu Rücken gezeichnet von der Bürde, aber kraftvoll tragend die Last der Welt. Blutend und liebend mit der Botschaft: Friede ist möglich! Zukunft ist möglich! Liebe ist möglich!

Das spricht Jesus besonders den Frauen zu, die die Last in aller Welt tragen müssen. Frauen steht auf, steht hin, steht ein: Friede ist möglich! Zukunft ist möglich! Liebe ist möglich!

SUSANNE HERZOG

DIE FRAUEN AM OSTERMORGEN

und der Schrecken über den Lebenswillen Gottes

Alles andere als Randfiguren

Wir hören jedes Jahr an Ostern von ihnen und überhören sie doch leicht: die Frauen, die sich am Ostermorgen auf dem Weg zu Jesu Grab machen und dort das Wunder seiner Auferstehung entdecken. Ihre Namen klingen je nach Evangelium ein wenig anders, einzig Maria von Magdala wird immer genannt. Im Markusevangelium wird sie von Maria, der Mutter des Jakobus, und von Salome begleitet (Mk 16,1), bei Matthäus von einer „anderen Maria“ (Mt 28,1); Lukas nennt neben der Magdalenerin Johanna, Maria, die Mutter des Jakobus, und die „übrigen Frauen“ (Lk 24,10). Bei Johannes schließlich bricht sie allein auf zum Grab (Joh 20,1).

Doch auch wenn ihre Namen nur ungenau überliefert sind: Die Frauen am Ostermorgen sind alles andere als Randfiguren. Schon deshalb nicht, weil sie von Anfang an zur Nachfolgegemeinschaft Jesu gehören. Vermutlich stammen sie mehrheitlich aus Galiläa und haben sich Jesus in der ersten Zeit seines Wirkens am See Gennesaret angeschlossen. Sie begleiten ihn bei der Verkündigung des Gottesreichs (Lk 8,1–3) und folgen ihm auch nach Jerusalem (Mk 15,40 und Parallelen). Dort erleben sie schließlich mit ihm die letzten Tage vor seinem gewaltsamen Tod – und begeben sich dabei selbst in Todesgefahr: Die Römer, die Jesus als politischen Aufrührer verhaften und zum Kreuzestod verurteilen, waren stets darauf aus, auch die Anhängerschar eines solchen Unruhestifters auszumerzen. Vom jüdischen Schriftsteller Flavius Josephus wissen wir, dass sie nicht davor zurückschreckten,

selbst Frauen und Kinder zu kreuzigen. Daher ist durchaus zu verstehen, dass die männlichen Jünger bei Jesu Gefangennahme allesamt fliehen (Mk 14,50). Die Frauen aber harren mutig bei Jesus aus. Aus einiger Entfernung müssen sie seinen brutalen Kreuzestod mit ansehen (Mk 15,40f; Mt 27,55f; Lk 23,49). Auch als sein Leichnam ins Grab gelegt wird, sind sie heimlich anwesend (Mk 15,47; Mt 27,61; Lk 23,55).

Unter erneuter Lebensgefahr machen sich die Frauen in der Nacht des Ostertags noch einmal auf den Weg zum Grab, um ihrem Rabbi und Freund einen letzten Liebesdienst zu erweisen. Sie wollen seinen Leichnam salben. Aber sie finden sein Grab leer – und werden so zu den ersten Zeuginnen und Botinnen seiner Auferstehung.

Nein, die Osterfrauen sind wahrlich keine Randfiguren. Sie sind treue, mutige Jüngerinnen Jesu. Und noch viel mehr: Sie sind zentrale Überlieferungsträgerinnen. Denn allein mit ihnen verbinden die Evangelien die kontinuierliche Bezeugung des Sterbens, des Todes und der Auferweckung Jesu. Sie sind unsere Gewährsfrauen für das, was wir im Credo bekennen: dass Jesus am Kreuz gestorben ist, begraben wurde und am dritten Tage auferstand.

Als der Sabbat vorüber war, kauften Maria aus Magdala, Maria, die Mutter des Jakobus, und Salome wohlriechende Öle, um damit zum Grab zu gehen und Jesus zu salben. Am ersten Tag der Woche kamen sie in aller Frühe zum Grab, als eben die Sonne aufging. Sie sagten zueinander: Wer könnte uns den Stein vom Eingang des Grabes wegwälzen? Doch als sie hinblickten, sahen sie, dass der Stein schon weggewälzt war; er war sehr groß.
Sie gingen in das Grab hinein und sahen auf der rechten Seite einen jungen Mann sitzen, der mit einem weißen Gewand bekleidet war; da erschraken sie sehr. Er aber sagte zu ihnen: Erschreckt nicht! Ihr sucht Jesus von Nazaret, den Gekreuzigten. Er ist auferstanden; er ist nicht hier. Seht, da ist die Stelle, wo man ihn hingelegt hatte. Nun aber geht und sagt seinen Jüngern, vor allem Petrus: Er geht euch voraus nach Galiläa; dort werdet ihr ihn sehen, wie er es euch gesagt hat. Da verließen sie das Grab und flohen; denn Schrecken und Entsetzen hatte sie gepackt. Und sie sagten niemand etwas davon; denn sie fürchteten sich (MK 16,1–8).

Fülle und Abschied

Seit den Anfängen in Galiläa waren die Frauen mit Jesus unterwegs. Sie haben ihr Leben auf den ausgerichtet, bei dem Leben in Fülle ist. Sie durften erfahren, dass in Jesus Gott selbst wirkt, dass Menschen in seiner Nähe heil werden und neue Zukunft entdecken. Sie haben als Jüngerinnen mit Jesus gelebt, die Botschaft vom Gottesreich mit ihm in die Welt getragen. Dann aber geschieht die Katastrophe: Jesu Weg endet in Jerusalem am Kreuz. Die Hoffnung, die Zukunft seiner Jüngerinnen ebenfalls. Alles, wofür sie gelebt haben, ist plötzlich aus und vorbei. Ans Kreuz genagelt, auf furchtbare Weise gescheitert. Es lässt sich nur ahnen, wie unendlich schwer es gewesen sein muss, das zu ertragen. Und Abschied zu nehmen – von Jesus und von dem Lebensinhalt, der sich mit ihm verband.

Als die Frauen am frühen Morgen zum Grab aufbrechen, wollen sie noch einmal den toten Rabbi sehen, die Hoffnung beweinen, die nun mit ihm im Grab ruht. Den Schmerz zulassen, den Tränen Raum geben.

Sieger Köder hat diese Stimmung eingefangen: Dunkles Blau und Schwarz dominiert den Bildhintergrund, umgibt die Frauen und die Hinrichtungsstätte in der Ferne. Schützend tragen die Frauen das Salbgefäß zum Grab.

Mit ihm wollen sie Jesus noch einmal nahe sein. Seine sterblichen Überreste salben – und damit auch das einbalsamieren, was für sie von der Zeit mit ihm übrigbleibt. Dann endgültig Abschied nehmen, gehen. Zurück ins alte Leben, die Erinnerung wohlgehütet im Herzen. Wie einen Grabstein, den man dann und wann aufsucht, um dem Toten und der gemeinsamen Vergangenheit nahe zu sein.

Schrecken und Osterjubel

Immerhin, darin haben wir Menschen Erfahrung: begraben, trauern, Erinnerung pflegen. Jenseits aller Erfahrung aber ist, dass aus dem, was wir begraben mussten, neues Leben ersteht. Ebendies erfahren die Frauen. Das Grab, die Endstation aller Hoffnung, ist leer! Statt ihres toten Rabbis treffen sie am Todesort einen himmlischen Boten an. Und der verkündet ihnen die verstörende Botschaft: Jesus von Nazaret, der elend am Kreuz starb, ist zu neuem Leben auferweckt! Das Grab ist nicht mehr sein Ort. Sie werden dem Auferstandenen begegnen, wenn sie nach Galiläa gehen: dorthin, wo alles anfing mit Jesus, mit ihnen. Dorthin, wo sie zu Hause sind.

Der Evangelist Markus erzählt, dass die Frauen nach dieser Botschaft voll Schrecken und Entsetzen fliehen (Mk 16,8). Jetzt fliehen sie! Sie harrten todesmutig bei Jesu Kreuz aus, sie durchlebten die Zumutungen des Jüngerinnendaseins. Aber dass Jesus den Tod besiegt hat, schlägt sie in die Flucht. Das übersteigt ihr Fassungsvermögen, ihren Hoffnungshorizont. Diese Botschaft weckt keinen Osterjubel, sondern panische Angst.

Mir persönlich ist das sehr sympathisch. Ist es nicht maßlos überfordernd, mitten in Verzweiflung und Resignation dem Gott des Lebens zu vertrauen? Seinem unbezwingbaren Ja zum Leben mehr Raum zu geben als der Erfahrung des Schmerzes, des Scheiterns? Liegt es nicht viel näher, gute Erinnerungen zu konservieren und sich eben abzufinden mit dem, wie es ist?

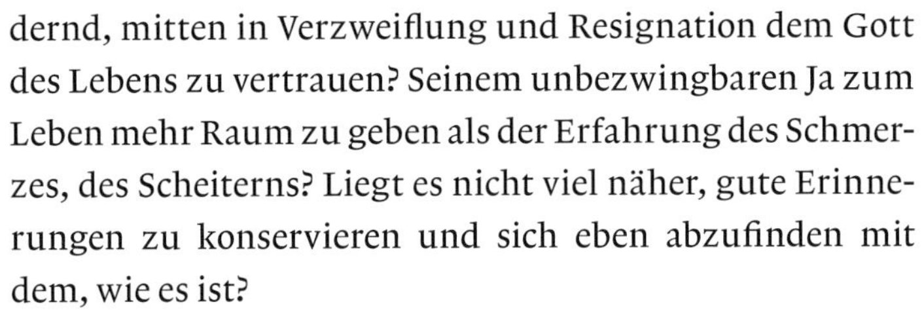

Dem Lebenswillen Gottes mehr trauen als der Schwerkraft des Todes: um diese Entscheidung geht es.

Auch für die Frauen auf dem Bild: Es wirkt so, als stünden sie gerade vor dem offenen Grab, das helle Licht des Himmelsboten spiegelt sich in ihren Gesichtern wider. Doch es weckt keine Freude. Es blendet, verwirrt und macht Angst. Von rechts lodert leuchtend rot die Botschaft vom Leben aus dem Grab. Eine der Frauen ist schon ins rote Licht getaucht, die andere noch ganz ins Blau der Trauer gehüllt. Hinter ihnen klafft schwarz der Abgrund des Todes.

Werden sie der Botschaft vom Leben glauben? Werden sie an dem festhalten, was war, oder sich vom Osterlicht durchdringen lassen? Werden sie stumm bleiben oder das neue Leben verkünden?

Tod und Leben

Für die Frauen am Ostermorgen wird Jesu Sieg über den Tod zur Nagelprobe ihres Glaubens. Am leeren Grab stehen sie vor der größten Herausforderung ihres Jüngerinnenseins. Und mit ihnen stehen auch wir vor der Grundentscheidung unseres Daseins: Hoffnung oder Resignation? Tod oder Leben? Die Welt, unser persönliches Leben, auch unser Leben als Kirche, ist von der Realität des Todes geprägt. Wir erleben, dass Pläne scheitern, Beziehungen zerbrechen, Hoffnungen verwelken. Dass Lebensentwürfe, die lange getragen haben, plötzlich zusammenfallen. Dass wir nicht von Krankheit, von Angst, von kleinen und großen Katastrophen verschont bleiben, so sehr wir uns danach sehnen. Immer wieder erleben wir, dass Gewalt stärker ist als Friede, Resignation stärker als Mut. Es ist eine ungeheure Zumutung, inmitten solch einer Wirklichkeit auf die unbändige Lebenskraft Gottes zu setzen. Auf sein Ja, das er allen Abgründen und Gräbern entgegensetzt.

Die Frauen vom Ostermorgen sind für mich Zeuginnen dieses unverwüstlichen Lebenswillens Gottes. Und Mahnerinnen darin, sich für das Leben zu entscheiden – weil Gott sich längst dafür entschieden hat.

Die Frauen am Ostermorgen – Frauen wie du und ich

Die Frauen vom Ostermorgen haben schließlich die Botschaft von Jesu Sieg über den Tod in die Welt getragen. Hätten sie wirklich geschwiegen, wüssten wir nichts vom Osterwunder. Sie haben sich dafür entschieden, der Lebenskraft Gottes zu trauen. Und haben sich damit als wahre Jüngerinnen dessen erwiesen, der uns allen Leben in Fülle verheißt.
Wie die Frauen steht jede und jeder von uns vor Nagelproben des Glaubens, vor Prüfsteinen der ganz persönlichen Nachfolge. Wie entscheide ich mich? Kann ich glauben, dass Gott mitten aus dem Tod neues Leben erweckt? Lasse ich mich anstecken mit Leben? Welche Osterbotschaft trage ich im Herzen, wem will ich sie verkünden?

SUSANNE RUSCHMANN

MARIA MAGDALENA
und die Lebenskunst der Auferstehung

Schluchzend steht sie am Grab jenes Menschen, den sie über alles geliebt hat. Ohnmächtig, verzweifelt und ohne jede Hoffnung. Doch dann begegnet sie dem Auferstandenen. Alles verwandelt sich. Aus der Frau, die am Boden zerstört war, wird eine Lebenskünstlerin, die aus der Geistkraft der Auferstehung lebt.

Apostelin der Auferstehung

Am ersten Tag der Woche kam Maria von Magdala frühmorgens, als es noch dunkel war, zum Grab und sah, dass der Stein vom Grab weggenommen war. ... Maria aber stand draußen vor dem Grab und weinte. ... Jesus sagte zu ihr: Frau, warum weinst du? Wen suchst du? Sie meinte, es sei der Gärtner, und sagte zu ihm: Herr, wenn du ihn weggebracht hast, sag mir, wohin du ihn gelegt hast. Dann will ich ihn holen.
Jesus sagte zu ihr: Maria! Da wandte sie sich ihm zu und sagte auf Hebräisch zu ihm: Rabbuni!, das heißt: Meister. Jesus sagte zu ihr: Halte mich nicht fest; denn ich bin noch nicht zum Vater hinaufgegangen. Geh aber zu meinen Geschwistern und sag ihnen: Ich gehe hinauf zu meinem Vater und zu eurem Vater, zu meinem Gott und zu eurem Gott.
Maria von Magdala ging zu den Jüngerinnen und Jüngern und verkündete ihnen: Ich habe den Herrn gesehen (JOH 20,1–18).

Biblisch gesehen zeigt Maria Magdalena ein klares Profil. Sie ist Jüngerin Jesu und der einzige Mensch, der sowohl Zeugin von Kreuzigung und Grablegung ist als auch eine Erscheinung des Auferstandenen samt Sendungsauftrag vorzuweisen hat. Die nachbiblische Auslegung ist leider nicht so

אדם
IESUS

eindeutig. Denn einerseits verstärkt sie das neutestamentliche Profil, indem sie der Jüngerin den Ehrentitel „Apostola Apostolorum“, Apostelin der Apostel, verleiht. Andererseits verläuft sich die Auslegung in Irrwegen. Daher zunächst zur Bibel.

Wenn in den Evangelien von „Frauen in der Nachfolge“ oder auch von „die Jünger“ gesprochen wird, so ist Maria Magdalena wahrscheinlich häufig dabei. Ihr Name „aus Magdala“ verweist auf ihre Herkunft aus einem Ort am See Gennesaret. Namentlich genannt wird sie zunächst in Lk 8,2 als Frau, „aus der sieben Dämonen ausgefahren waren“. Sie hatte also ein prekäres Krankheitsbild, das sie religiös unter Verdacht stellte und soziale Isolation nach sich zog. Sie weiß, was es bedeutet, arm dran zu sein und ausgegrenzt zu werden. In Jesu Wirken fasst sie wieder Mut und findet in seiner Nachfolge Heilung.

Ihre besondere Bedeutung zeigt sich in den neutestamentlichen Erzählungen von Leiden, Tod und Auferstehung Jesu. Alle vier Evangelien nennen ihre Präsenz am Kreuz, drei Evangelien ihre Präsenz bei der Grablegung, vier Evangelien ihre Präsenz bei der Entdeckung des leeren Grabes. Das Johannesevangelium erzählt es ausführlich: wie sie den Leichnam sucht, vergeblich Petrus und Johannes hinzuzieht, das Wort eines Engels hört – und wie ihr dann der Auferstandene erscheint und einen Sendungsauftrag erteilt.

Auch in den apokryphen Texten hat die Jüngerin eine Sonderstellung, besonders im „Evangelium nach Maria“. Doch entgegen der heutigen Darstellung von Dan Brown beschreibt dieser Text keine erotische Beziehung, sondern eine herausgehobene Meisterschülerin, die Jesu Botschaft besonders gut versteht und praktiziert. Nach seinem Tod tröstet sie die Jünger, indem sie vom Auferstandenen erzählt und sie zum Handeln ermutigt. Weitere Legenden erzählen, dass die Magdalenerin mit den drei Geschwistern von Betanien (Martha, Maria und Lazarus) sowie mit dem späteren Bischof Maxim und einer dunkelhäutigen Dienerin Sarah auf einem segellosen Schiff ausgesetzt wurde und bei Marseille in dem Fischerdorf Saintes-Maries-de-la-Mer landete. Man hat ihr viel zugetraut bis hin zur Evangelisierung der Provence, eines fremden Landes jenseits des Mittelmeeres.

Auch die Theologie der jungen Kirche zeigt eine hohe Wertschätzung der Jüngerin, indem sie Maria Magdalena als „apostola apostolorum" tituliert. Insbesondere die apokryphen Texte zeigen, dass die Frage nach der Rolle von Frauen in Verkündigung und Kirchenleitung heftige Debatten auslöst. Dabei wird Maria Magdalena als Kronzeugin des Verkündigungsauftrags der Frauen angeführt.

Ab dem 4. Jahrhundert beginnt eine neue Phase der Auslegung, denn nun wird Maria aus Magdala mit anderen Frauen zu *einer* verschmolzen. In Verkündigung und Ikonographie wird Maria Magdalena zur langhaarigen Prostituierten, die in der Begegnung mit Jesus ihre Sünden bereut, zur dankbaren Jüngerin wird und nach der Auferstehung Jesu asketisch lebt. In der Spur dieser Darstellung blüht im Hochmittelalter der Kult um Maria Magdalena auf. Sie wird eine der beliebtesten Heiligen und Patronin prachtvoller gotischer Kathedralen wie in Vézelay – und sie eröffnet Frauen, die in die Elendsprostitution geraten sind, einen Weg aus der Prostitution.

Noch heute hat Maria Magdalena einen prominenten Platz in der Kirche, nämlich in der liturgischen Feier der Osternacht. Ihr Gedenktag ist katholisch und evangelisch der 22. Juli.

Die Lebenskünstlerin

Maria von Magdala tritt in der Darstellung Sieger Köders mit leuchtendem Rot in den Blick. Obwohl sie am Grab des gerade erst getöteten Jesus sitzt, ist sie nicht schwarz gekleidet. Ihre Farbe ist nicht die von Trauer und Tod, sondern die Farbe Rot, die für Leidenschaft, Leben und Liebe steht. Sieger Köder bringt den Moment ins Bild, in dem die alles entscheidende Wandlung geschieht. Am Ort des Todes eröffnet sich dem Leben neuer Raum. Der Stein ist vom Grab weggewälzt. Auferstehung hat sich ereignet. Das Ungeheuerliche dieser Botschaft kommt bei Mirjam gerade erst an. Sie hebt ihren Blick und schaut erwartungsvoll auf das, was sich ihr offenbart. Ostern, der Machtwechsel vom Tod zum Leben, kann sich ereignen.

Maria Magdalena zeigt sich als Lebenskünstlerin, die aus der Geistkraft der Auferstehung lebt. Zuvor hatte sie die überaus grausame Kreuzigung Jesu mit angesehen. Sie war mit zum Grab gegangen, um ihm die letzte Ehre zu erweisen und seinen von Wunden übersäten Leichnam in eine Felsenhöhle zu legen. Der Tod Jesu war für Mirjam existentiell schwer, religiös ein Desaster und politisch eine riskante Sache. Wenn jemand während der römischen Besatzung als Aufrührer hingerichtet wurde, waren alle in Lebensgefahr, die sich öffentlich zu ihm bekannten. Diese Gefahr potenziert sich mit dem religiösen Desaster, das sich am Kreuz ereignet. Mit Jesus werden auch die Hoffnungen gekreuzigt, die mit seiner Botschaft vom Reich Gottes verbunden waren: die Hoffnung auf Gerechtigkeit, die Option für die Armen und Ohnmächtigen, das Bemühen um ein friedvolles, möglichst gewaltfreies Miteinander. Der Tod Jesu greift mit dreifacher Macht auf Maria Magdalena zu.

Als Mirjam am Tag nach dem Sabbat erneut zum Grab geht, ist sie daher ganz im Bann des Todes. Seine Macht droht sie zu ersticken wie damals, als sie von sieben Dämonen besessen war. Doch dann geschieht das Ungeheuerliche. Am leeren Grab wendet sich der Tod zum Leben. Als der Auferstandene sich ihr offenbart, erfährt sie selbst Auferstehung. Am eigenen Leib erfährt sie, welche Lebensmacht in diesem Ereignis steckt. Mit der Auferstehung Jesu erstehen auch die Hoffnungen wieder, die mit seinem Tod verstummt waren. Dies bricht den Machtzugriff des Todes und beflügelt ihr Leben.

Mirjams aufkeimender Glaube an die Auferstehung setzt Tatkraft frei. Sie wendet sich ab vom Grab und geht zu den Jüngerinnen und Jüngern, die noch voller Verzweiflung sind. Hier verkündet sie die Frohe Botschaft, dass sie den Auferstandenen gesehen hat. Sie legt Zeugnis ab von einer Hoffnung, die so unscheinbar wie ein Friedhofsgärtner daherkommt, die aber eine ungeheure Kraft birgt. Mirjam ist begeistert, im wahrsten Sinn des Wortes. Die Geistkraft Jesu hat sie erfüllt, und sie beginnt zu sprechen, auch wenn sie befürchten muss, dass die Männer ihre Rede für Geschwätz halten (Lk 24,11). Sie steht ein für den Glauben, dass man im Licht der Auferstehung etwas tun kann für den Anbruch des Gottesreiches.

Was mich bewegt

Von Maria Magdalena inspiriert, möchte ich mehr lernen über jene Lebenskunst, die aus der Geistkraft der Auferstehung wächst. Welche Praxis eröffnet der Glaube an die Auferstehung heute – gerade auf den brüchigen Pfaden der Hoffnung? Das leere Grab, an dem die Magdalenerin steht, ist ja kein Ort utopischer Heilsversprechen. Wenn man den Spuren der Auferstehung folgen will, kann man den Orten nicht ausweichen, die von Verwundbarkeit und Gewalt, von Armut und Not gezeichnet sind. Die österliche Lebenskunst ist nicht zu haben ohne das Ringen mit Kräften, die in den Tod hineinziehen. Sie ist nicht zu haben ohne ein offenes Wort gerade dort, wo dies nicht erwünscht ist. Sie ist nicht zu haben ohne das Wagnis der Verwundbarkeit, das Jesus Christus eingeht – bis in den Tod am Kreuz.

Der Glaube an die Auferstehung ist eine *widerständige* Lebenskunst. Zwar gibt es immer etwas, das zu Resignation und Verzweiflung, Hass und Gewalt rät. Wer an die Auferstehung glaubt, kann dem jedoch widerstehen: den Zwiespalt aushalten zwischen dem ungeheuren Ausmaß der Not und der Wirksamkeit der eigenen kleinen Schritte; vor der eigenen Verwundbarkeit nicht zurückschrecken; sich den Mut und die Beharrlichkeit nicht nehmen lassen und zupacken, wo immer es nötig ist; Kraft schöpfen aus der Liebe zu anderen Menschen und zur Schöpfung. Maria Magdalena zeigt, wie der Glaube an die Auferstehung auf den brüchigen Pfaden der Hoffnung zur Lebenskunst wird.

Maria Magdalene – eine Frau wie du und ich

Maria von Magdala führt vor Augen, dass sich der Glaube an die Auferstehung nicht nur auf das Jenseits bezieht, sondern mitten ins Leben gehört. Er ist nicht nur eine Lehre, sondern er eröffnet eine Praxis. Dabei kommt die österliche Hoffnung auf brüchigen Pfaden daher: mitten in menschlicher Verwundbarkeit, mitten in Erfahrungen von Armut und Ausgrenzung, mitten in der Konfrontation mit dem Tod. Hier sind wir herausgefordert, an das Leben zu glauben und auf die Liebe zu setzen. Auch heute will der Glaube an die Auferstehung alltäglich zur Lebenskunst werden: widerständig, tatkräftig, geistreich.

HILDEGUND KEUL

חוה
אדם
IESUS

AUTORINNEN

KATHRIN BUCHHORN-MAURER, geboren 1957, ist Pfarrerin und arbeitet als Religionslehrerin an einer Beruflichen Schule in Bietigheim.

BETTINA ELTROP, Dr. phil., geboren 1961, arbeitet als wissenschaftliche Mitarbeiterin im Katholischen Bibelwerk e.V. in Stuttgart.

VANESSA GÖRTZ-MEINERS, geboren 1983, Diplom-Theologin, ist Mitarbeiterin am Institut für Christliche Sozialwissenschaften in Münster.

GABRIELE HARTLIEB, geboren 1967, ist Germanistin und Theologin und freie Autorin. Sie lebt in Freiburg und lernt gerade den Pfarrberuf.

PETRA HEILIG, geboren 1963, Diplomtheologin und -pädagogin, Personal- und Organisationsentwicklerin. Sie arbeitet als Geschäftsführerin und theologische Referentin beim Deutschen Komitee des Weltgebetstags e. V. in Nürnberg.

SUSANNE HERZOG, geboren 1961, Diplomtheologin und -pädagogin, Pastoralreferentin. Sie ist Geistliche Begleiterin beim Sozialdienst katholischer Frauen und bei IN VIA (Katholischer Verband für Mädchen- und Frauensozialarbeit) der Diözese Rottenburg-Stuttgart.

BARBARA JANZ-SPAETH, geboren 1959, ist Pastoralreferentin und arbeitet als Referentin für Bibelpastoral in der Diözese Rottenburg-Stuttgart.

HILDEGUND KEUL, Prof. Dr. theol. und M. A., geboren 1961 ist Leiterin der Arbeitsstelle für Frauenseelsorge der Deutschen Bischofskonferenz und apl. Professorin für Fundamentaltheologie und Vergleichende Religionswissenschaft an der Universität Würzburg.

HILDEGARD KÖNIG, Dr. theol., geboren 1954, ist Professorin für Kirchengeschichte an der TU Dresden und TZI-Trainerin.

MARTINA KREIDLER-KOS, Dr. theol., geboren 1967, arbeitet als Diözesanreferentin in der Frauenseelsorge und Ehe- und Familienpastoral des Bistums Osnabrück sowie als freischaffende Theologin und Autorin.

KARIN LINDNER, geboren 1963, ist evangelische Pfarrerin in Bad Boll.

PAULIN LINK, Franziskanerin, geboren 1949, Gemeindereferentin und Supervisorin. Sie ist Generaloberin der Franziskanerinnen von Reute/Bad Waldsee.

SUSANNE RUSCHMANN, Dr. theol., geboren 1971, ist Pastoralreferentin, Supervisorin M. A. und Referentin am Geistlichen Zentrum St. Peter.

DORIS STRAHM, Dr. theol., geboren 1953, ist feministische Theologin, Publizistin und Mitgründerin des Interreligiösen Think-Tank in Basel. (www.doris-strahm.ch)

SILVIA STRAHM BERNET, geboren 1955, ist Publizistin und Mitarbeiterin der Zentral- und Hochschulbibliothek in Luzern.

DER MALER

SIEGER KÖDER, geboren 1925, hat an der Kunstakademie in Stuttgart studiert und war von 1954 bis 1965 Kunsterzieher in Aalen. Nach dem Studium der Katholischen Theologie in Tübingen und München wurde er 1971 zum Priester geweiht. Bis 1995 war er Pfarrer in Hohenberg und Rosenberg. Jetzt lebt er im Ruhestand in Ellwangen.

TEXTNACHWEIS

Der Text auf S. 74 wurde von der Autorin übersetzt.

BILDNACHWEIS

S. 11ff: Eva. Frauenaltar Wasseralfingen
S. 17ff: Sara. Frauenaltar Wasseralfingen
S. 25ff: Rahel weint um ihre Kinder, Rosenberger Altar
S. 33ff: Tamar. Frauenaltar Wasseralfingen
S. 41ff: Mirjam
S. 47ff: Rahab, Frauenaltar Wasseralfingen
S. 55ff: Rut. Frauenaltar Wasseralfingen
S. 63ff: Batseba. Frauenaltar Wasseralfingen
S. 71ff: Heimsuchung
S. 77ff: Maria. Kieler Altar
S. 85ff: Jesus und die Ehebrecherin
S. 91ff: Die Frau am Jakobsbrunnen
S. 97ff: Jesus begegnet den weinenden Frauen. Kreuzweg Wasseralfingen
S. 105ff: Der Gang zum Grab am Ostermorgen. Wasseralfinger Altar
S. 111ff: Maria von Magdala am offenen Grab. Kieler Altar